JN235821

英語学モノグラフシリーズ 18

原口庄輔／中島平三／中村　捷／河上誓作　編

文法におけるインターフェイス

岡崎　正男　著
小野塚裕視

研究社出版

まえがき

　20世紀の言語研究の特徴を一言で言うなら，真の意味で科学研究の名にふさわしい学問に成長した，と言うことができよう．21世紀には研究がさらに一層の深みと広がりを増すことが期待される．その基盤づくりの一環として，本シリーズは，英語学・言語学における20世紀の主要な知見に立脚し，21世紀の言語研究への展望を与えることを目指している．

　本書では，言語研究の中でも，言語の様々な領域間のインターフェイス（接点）に関わる問題を取り上げて，考察してゆく．インターフェイスに関してまず思い浮かぶことは，チョムスキーが，"A Minimalist Program for Linguistic Theory," *MIT Occasional Papers in Linguistics* No. 1 (1992) およびそれ以降の一連の著作において述べている次のような主張である．すなわち，ミニマリスト・プログラムでは，文法における有意義な表示のレベルは，音声形式 (Phonetic Form: PF) と論理形式 (Logical Form: LF) の2つだけであり，この2つが一方では言語運用の際の発音と知覚 (articulatory-perceptual: A-P) の側面に関わり，他方では概念と意図 (conceptual-intentional: C-I) の側面との接点をなしている，という主張である．このような立場は，極めて先端的で興味深いものである．しかし，この立場は現在鋭意研究が進められている最中であり，言語の仕組みに関するオーソドックスな見方や一般の読者にとってはなじみが薄く，具体的にどのようになっており，そこから何が得られるかはこれから明らかにされなければならない面が多い．

　そこで本書は，言語には音声に関わる側面（音声学や音韻論），語の仕組みに関わる側面（形態論），言語の形式構造に関わる側面（統語論），意味に関わる側面（意味論），それに言語の使用に関わる側面（語用論）があるという多くの読者に理解しやすいオーソドックスな立場に立って，各領域間の

接点との関わりで明らかにされる言語事実を明らかにし，どのような理論的な意味合いがあるかに関して検討を加えることにする．その際には，(a) 音声学と音韻論のインターフェイス，(b) 音韻論と意味論のインターフェイス，(c) 音韻論と統語論のインターフェイス，(d) 音韻論と形態論のインターフェイス，(e) 形態論と意味論のインターフェイス，(f) 形態論と統語論のインターフェイス，(g) 統語論と意味論のインターフェイスなど様々なものが考えられる．それらすべてを網羅的に取り上げて概観することは，実際的でもないし，限られたスペースでは不可能である．

そこで本書では，第 I 部(岡崎正男)において音韻論と他の領域とのインターフェイスの問題に焦点を当てて論ずる．そのうちでも，句のリズム，韻律範疇，機能語の強勢，縮約 (Reduction)，文アクセントをめぐって，他のいくつかの領域との接点に関わる問題が論じられ，掘り下げた議論がなされている．一方，第 II 部(小野塚裕視)においては，形態論と他の領域とのインターフェイスの問題の主なものを取り上げている．とりわけ，形態論と統語論，形態論と意味論，形態論と音韻論，形態論と語用論のインターフェイスに関わる様々な問題を取り上げ，詳しく論ずる．

第 I 部と第 II 部から得られる知見は，言語というのは，一見何の変哲もないように見えて，実はきわめて入念な仕組みからなっているということである．なかでも，意味の果たす役割と語用論の果たす役割には，興味深いものがある．意味や語用論に関わる本質に迫る研究が広くなされることが，言語のよりよい理解のために，重要性をさらに増すことになろう．

インターフェイスに関わる組織的な研究は，開始されてまだ日も浅いことから，広大な領域が未開拓のまま残されている．今後興味ある知見が明らかにされる可能性を含んだ，魅力ある研究領域である．本書が引き金となって，今後インターフェイスに関わる領域に関心をもつ研究者が増え，研究が加速し活性化され，従来見過ごされていた様々な言語事実が明らかにされ，この分野の研究の範囲と深みが増すことを願ってやまない．

2001 年 3 月

編　者

目　次

まえがき　iii

第 I 部　音韻論におけるインターフェイス　　　　　　　　1

第 1 章　はじめに ──────────────── 3

第 2 章　句のリズムをめぐる現象 ──────── 7
2.1　リズム規則 I: 強弱反転　7
2.2　リズム規則 II: リズム調整　13

第 3 章　韻律範疇をめぐる問題 ────────17
3.1　文レベルでの分節音の過程 I: 接語群　17
3.2　文における句形成の問題　25
3.3　近代英語の詩における句形成の問題　35
3.4　現代英語の歌の歌詞に関連する問題　48
3.5　韻律範疇構築のための理論と今後の課題　52

第 4 章　機能語の強勢をめぐる問題 ──────55
4.1　機能語の強勢　55
4.2　先行研究　61
4.3　先行研究の問題点と今後の展望　63

第 5 章　縮約をめぐる問題 ──────────64
5.1　助動詞縮約　64
5.2　To 縮約　70

第 6 章　文アクセントをめぐる問題 ──── 78
　6.1　「興味のアクセント」　78
　6.2　「力のアクセント」　93
第 7 章　おわりに ──── 100

第 II 部　形態論におけるインターフェイス　103

第 8 章　はじめに ──── 105
第 9 章　形態論と統語論のインターフェイス ──── 110
　9.1　はじめに　110
　9.2　形態論と統語論との関わり合い：事例の観察　110
　9.3　「形容詞＋to＋動詞」の形　115
　9.4　おわりに　136
第 10 章　形態論と意味論のインターフェイス ──── 137
　10.1　はじめに　137
　10.2　派生と相特性　137
　10.3　派生と語彙概念構造　144
　10.4　おわりに　166
第 11 章　形態論と音韻論のインターフェイス ──── 167
　11.1　はじめに　167
　11.2　派生ともとの語の強勢の型　167
　11.3　派生ともとの語の音形　168
　11.4　屈折・派生と音節数　169
　11.5　おわりに　169
第 12 章　形態論と語用論のインターフェイス ──── 171
　12.1　はじめに　171
　12.2　形態論と語用論との関わり合い：事例の観察　172

12.3　阻止と語用論との関わり合い　178
12.4　存在要件と -er 名詞形　187
12.5　おわりに　190

参 考 文 献　191
索　　　　引　207

第Ⅰ部

音韻論におけるインターフェイス

第1章　は じ め に

　人間言語の最大の特徴は，それが「音声と意味を結びつける仕組み」であることである．そして，日常の言語活動においてわれわれが直接知覚できるのは，具体的言語表現の音声(空気の振動)と，それに対応している意味である．しかし，実際の言語表現には，直接知覚できる音声と意味のほかに，この2つの要素の仲介をしているが直接知覚することができない，構文の骨格を示す抽象的な構造が存在すると考える立場がある．この立場では，実際の言語表現は，構文の骨格を表示する統語構造，意味を表示する意味構造，それに音声を表示する音韻構造という，3種類の抽象的な構造から成立していることになる．

　現実には，具体的な構造についての研究者間の見解の相違や，統語構造は不要であるという立場 (Langacker 流の「認知言語学」の立場．Langacker (1987, 1991)，Taylor (1996) などを参照)，それに，文の構成要素の機能 (function) を考慮に入れるべきであるという立場 (Bresnan の語彙機能文法 (Lexical Functional Grammar) の立場．Bresnan (1994)，Bresnan and Kanerva (1989)，Bresnan and Mchombo (1987) などを参照) もあるが，本書では，言語現象の解明のためには，3種類の構造を設定する必要があるという立場をとる．

　上述の3種類の抽象的な構造は，それぞれ独立した存在であるが，相互に無関係に存在しているわけではない．3種類の構造がまとまって1つの言語表現を構成するのであるから，それぞれの構造がある一定の方式で規則的に接している，接点が存在しなければならないはずである．そのような接点がなければ，1つの言語表現として成立しないし，3種類の構造の

うち1つだけ取り出してみても,それ自体は言語表現にはならない.そうすると,3種類の構造相互の接点の実態を探ることが,言語研究の重要な仕事の1つなる.そして,その接点のことを,インターフェイス(interface)と呼ぶ.

具体的な言語表現が,相互に接点をもつ3種類の抽象的構造から構成されているということは,映画や写真のカラーフィルムが,完成品としては1枚であるが,基本的には3原色に感光する3枚のフィルムから構成されていることと平行的である.3枚のフィルムのうちの1枚を分離して写真にしても,いわゆる「天然色」の写真にはならない.3枚が接触面を介在させて1枚のカラーフィルムとして機能してはじめて,「天然色」の写真ができあがるわけである.

上述の3種類の抽象的な構造の存在を認めたうえで,それぞれの接点を考えると,統語論と意味論の接点,統語論と音韻論の接点,意味論と音韻論の接点という3つの接点が考えられる.そして,その3つの領域の接点の研究を,意識的にせよ無意識的にせよ,推進してきたのは,生成論的言語研究である.

しかし,生成文法理論が提案されて以来40数年間,3つの接点が等しく詳しく研究されてきたかといえば,そうではない.いままで一番多くの研究が積み重ねられてきたのは,統語論と意味論の接点の研究である.これは,生成文法理論が,言語構造のなかでもっとも抽象的な統語構造を中心にすえて言語研究を進めてきたことと,音韻構造よりも意味構造のほうが,統語構造とより密接な関係があると考えられてきたという,2つの理由による.統語論と意味論の接点の研究では,統語構造と意味構造の「ずれ」(mismatch)の有無がその研究対象となるが,初期の研究では,その「ずれ」がない場合が中心に研究された.最近の研究でも,数量詞の解釈をめぐる問題などを除き,「ずれ」がない場合の研究が中心を占める傾向には変わりはない.しかし最近になって,「ずれ」がある場合の研究が,インターフェイス研究という明確な視点をもって,CulicoverとJackendoffの共同研究(Culicover and Jackendoff 1995, 1997, 1999)により推進され,統語構造と意味構造との「ずれかた」が,構文単位で解明され始

めている．統語構造と意味構造の間の「ずれ」の存在は，独立した意味構造の存在を示唆する．理論の言葉を用いれば，意味構造の「自律性」(autonomy) を意味する．

統語論と意味論との接点の研究と比べると，統語論と音韻論の接点の研究と，意味論と音韻論の接点の研究は，遅れている．音韻論と他の2つの部門の接点に関連する句および文レベルの音韻現象が，一見すると，きわめて複雑で，規則性を見いだすのが難しかったことが最大の理由である．

統語論と音韻論の接点は，生成論的言語研究の初期の段階では，Chomsky and Halle (1968) (以下 *SPE* と略記)，Bresnan (1971, 1972)，Lakoff (1972) などにより研究された．しかし，その研究が本格的に始まったのは，1980年代からである．1970年代半ばに，Liberman (1979) の「韻律理論」(metrical theory) や Goldsmith (1976) の「自律分節理論」(autosegmental theory) が提案され，統語構造がいかに韻律構造を決定するかという問題に対して，明確な答を出すことができる素地が整った．その素地をもとに，句および文レベルの韻律構造の性質や役割に関連する，事実の発掘と理論の構築が，さまざまな言語事実をもとに進められてきた．具体的には，統語構造と韻律構造の「ずれ」の有無が検討され，基本的に，後者は前者をもとにして規則的に構築されるが，統語構造と韻律構造には「ずれ」があることが明らかにされた．統語構造と韻律構造の間の規則的な「ずれ」の存在は，独立した韻律構造の存在とその「自律性」を示唆する．現在，研究者の間で細かな違いがあるにせよ，おおよそ (1) に示されている韻律範疇 (prosodic category) が仮定されている．

(1) a. 発話 (Utterance)
　　 b. 音調句 (Intonational Phrase)
　　 c. 音韻句 (Phonological Phrase)
　　 d. 接語群 (Clitic Group)
　　 e. 韻律語 (Prosodic Word)

意味論と音韻論の接点の研究は，統語論と音韻論の接点の研究より，さらに遅れている．Bolinger の文アクセントと抑揚に関する，直感的では

あるがきわめて示唆に富む一連の研究を除けば，インターフェイスという理論的視点からの体系的な研究はほとんどない．これは，意味の領域がきわめて多様で，どのような意味構造が音韻現象と直接対応しているのか，事実調査が難しく，綿密な調査が行なわれてこなかったことに理由がある．しかしその背後には，生成文法理論の「主流派」の，「音韻部門と意味部門はともに自律的ではない『解釈部門』であり，統語構造を介在して結びついており，直接の対応関係はない」という仮説の「呪縛」が，きわめて強い形で存在している．この仮説に捉われているかぎり，意味論と音韻論の直接対応を研究することはありえない．

しかしOkazaki (1998) によると，意味情報のみによって文の韻律構造が決定される場合が，確実に存在する．もしその指摘が正しいとすると，Jackendoff (1987, 1990) などがその存在の可能性を示唆している意味論と音韻論の直接対応を，文法理論の枠組みのなかに取り込まなければならない可能性がきわめて高い．ただし，意味論と音韻論の接点の研究は始まったばかりで，今後の事例研究の成果を待たなければならない．

このようなインターフェイス研究の現状を前提にして，それを概観し，今後の課題を提示するのが，第Ⅰ部の目的である．ただし今回は，研究がかなり進んでいる統語論と意味論の接点の現象は，取り上げることを避けた．統語論と意味論の接点の研究は情報も多く，現状把握も容易であり，あらためてここで情報提供する必要もないからである．加えて，研究が比較的遅れている統語論と音韻論の接点と，意味論と音韻論の接点について，いままでに発掘されている事実を整理し，今後の展望や暫定的な提案を提示したほうが，今後の研究の進展にとってよいからである．したがってここでは，音韻論を中心として，音韻論と他の2つの分野のインターフェイスに関する内容になっている．

以下の第2章から第6章で，句および文レベルの具体的な現象を出発点にして，音韻論と他の部門の接点についての先行研究を吟味したうえで，今後の展望を述べ，可能な場合には，新しい提案をすることにしたい．

第2章　句のリズムをめぐる現象

　音韻論と他の部門とのインターフェイスの最初の実例として，現代英語の「リズム規則」(rhythm rule) をめぐる問題を提示する．「リズム規則」に関連する現象は，「強弱反転」(iambic reversal) と「リズム調整」(rhythmic adjustment) があるので，その順で問題点を整理する．

2.1　リズム規則 I: 強弱反転

2.1.1　現象概説
　句のレベルで，句を構成する2つの語のそれぞれの強勢が「隣接」しているか「近く」にある場合，2つの強勢のうちの弱いものが，もとの位置から「移動」している(ようにみえる)場合がある．その現象は「強弱反転」と呼ばれ，具体例が次の (1) である (Hayes 1984, 33)．

　（1）　a.　fòurteen wómen　　(*cf.* fourtéen)
　　　　b.　Mìssissippi législature　　(*cf.* Mìssissíppi)

(1a) が，2つの強勢が互いに「隣接」している場合であり，(1b) が，2つの強勢が互いに「近く」にある場合である．
　ただし，強勢どうしが「隣接」していたり「近く」にあれば，かならず「強勢の移動」が起こるかといえば，そうではない．次の (2) が示すように，隣接や近さの度合いが同じであっても，移動が起こる場合 ((2a)) と，移動によって容認度が下がる場合 ((2b)) がある (Hayes 1984, 39)．

　（2）　a.　ànalytic thóught　　(ànalýtic)
　　　　　　Èuropean hístory　　(Èuropéan)

[7]

b. ?ànalytical thóught　（ànalýtical）
　　?Èuropean history historián

また，(3)にあるように，強勢の移動が生じた場合も生じない場合も，容認性に変化がない場合がある（Hayes 1984, 46）．

（3）a. Tennessèe abbreviátions　　Tènnessee abbreviátions
　　　　（cf. Tènnessée）
　　b. Mississìppi legislátion　　Mìssissippi legislátion
　　　　（cf. Mìssissíppi）

以上，句のレベルの音韻環境により，強勢の移動が生じたり生じなかったりすることが明らかになった．すなわち，強勢移動後の第2強勢と主強勢の「距離」が，「近すぎても遠すぎてもいけない」ということになる．

ただし，「強弱反転」適用の可否は，純粋な音韻条件だけにより決定されるわけではない（Selkirk 1984, 184, 319–322; Hayes 1989, 216–217）．次の(4)–(11)に示されるように，構文的な環境の違いにより，強勢の移動の有無が決定される場合がある（Hayes 1989, 216–217）．(4)–(6)は，強勢の移動が観察される例で，それぞれ，動詞と目的語，動詞と補部と考えられる副詞要素，名詞と補部の例である．

（4）a. còmprehending éverything　（cf. còmprehénding）
　　b. It'll ìntersect the órigin.　（cf. ìnterséct）
（5）a. It'll ìnterfere with télevision.　（cf. ìnterfére）
　　b. He was pèrsevering éndlessly.　（cf. pèrsevéring）
（6）a. the Jàpanese of Hónshu　（cf. Jàpanése）
　　b. He is not as Jàpanese as Sám.

これに対して，次の(7)–(9)では2つの強勢が近くにあり，「移動」後の強勢間の距離も(4)–(6)と同じであるにもかかわらず，移動が起こると容認度がいちじるしく下がる．(7)は，節の境界が関係する2つの語の間に介在している場合，(8)は主語と動詞句の境界が介在している場合，(9)は動詞句と付加詞（adjunct）の境界が介在している場合である．

（7）a. *When you visit Mìssissippi, cáll me.
　　　b. *Tènnessee, I vísited.
（8）a. ??Mìssissipi óutlawed it.
　　　b. ??Tènnessee will lícense them.
（9）a. ??He conceded Tènnessee to Cárter.
　　　b. ??He visited Mìssissippi twíce.

つまり「強弱反転」は，隣接する語の間に直接的文法関係が存在すれば適用されるが，直接的文法関係が存在しなければ適用されない．

また，構文そのものが，強勢の移動を規制している場合がある．(10)は，副詞が1つならば強勢の移動が起こる((10a))のに，2つの副詞が等位構造をなして動詞を修飾する場合には，強勢の移動が起こらない((10b))ことを示している．(11)は，副詞が1つならば強勢の移動が起こるのに，副詞の前に強調の副詞の very が入ると，強勢の移動が起こらないことを示している．

（10）a. John pèrseveres gládly.
　　　b. John persevères gládly and diligently.
（11）a. Given the chance, rabbits réproduce qúickly.
　　　b. Given the chance, rabbits reprodúce véry quickly.

以上，「強弱反転」適用の可否が，強勢移動後の「距離」という音韻条件のみではなく，関係する2つの語の間の文法関係や構文的な条件によっても決定されることをみた．ここで問題になるのは，文法関係をみる場合，「強弱反転」が適用可能な場合も不可能な場合も，統語的には雑多な統語境界が含まれていることである．なぜ統語的に雑多なものが，「強弱反転」の適用について共通の振る舞いを示す自然類（natural class）を形成するのか，という疑問が生じる．それに対しては，統語的には雑多なものでも，音韻構造においては共通点があるのではないか，という予測が立つ．

2.1.2 先行研究

前節で素描した「強勢の移動」という現象の体系的な記述は，Bolinger (1965) などにより，昔からある程度なされていた．しかし，*SPE* で体系化された生成音韻論の初期の枠組みでは，扱うことが難しい現象であった．生成音韻論の枠組みで，この現象が真正面から取り上げられたのは，いわゆる「韻律理論」の提案以後である．刊行されたものでは，Liberman and Prince (1977) の分析が最初である．その後，Takezawa (1981)，Hayes (1984, 1989, 1995)，Selkirk (1984)，Halle and Vergnaud (1987)，Gussenhoven (1988) などの研究がある．

これらの研究のうち，前節で提示し，次の (12) にまとめた 2 つの問題を両方とも扱っている研究はない．

(12) a. 強勢の移動後の「距離」とはいかなるものか．
b. 強勢の移動に課される構文的条件とはいかなるものか．

しかし，その問題を個別に扱い，音韻論と統語論の関係の解明に貢献しているものとしては，疑いなく Hayes の一連の研究があげられる．(12a) の問題については，Hayes (1984) が「好韻律性」(eurhythmy) という概念を導入して，「強弱反転」による強勢の移動にみられるグラデーションを説明している．それによれば，英語におけるもっともよいリズムは，一番強い部分と二番目に強い部分の距離が「4 音節」である場合であり，強勢の移動は，その距離にできるだけ近づくように起こる．逆に，「強弱反転」の結果，強勢間の距離が「4 音節」に近づかない場合には，強勢の移動は起こらない．

(13) に，強勢の移動が生じて問題がない場合と問題がある場合の，移動後の強勢間の距離をあげる．

(13) a. (1a): 2 音節；(1b): 4 音節 (ともに移動可)
b. (2a): 3 もしくは 4 音節 (移動可)；(2b): 4 もしくは 5 音節 (容認度下がる)
c. (3a): 6 音節；(3b): 5 音節 (ともに移動可)
d. (4): 4 音節 (移動可)

e. (5): 4音節(移動可)
f. (6): 4音節(移動可)
g. (7): 4音節(移動不可)
h. (8): 4音節(容認度下がる)
i. (9): 4音節(容認度下がる)
j. (10): 4音節(移動不可)
k. (11): 4音節(移動不可)

　(1)–(3)において，移動後の距離が4音節に(近く)なるのに，強勢の移動の容認度が下がる場合があるのは，音韻的な問題ではなく，表現に含まれる語の「個性」による．強勢の移動について，構文的条件が関与している(4)–(11)では，興味深いことに，強勢移動後の距離がすべて最適の4音節である．それにもかかわらず，強勢の移動が生じたり生じなかったりするわけであるから，「移動後の強勢間の距離」という概念だけでは，(12b)の問題を解決することはできない．

　(12b)の問題に対しては，Hayes (1989)が明確な答を提示している．(7)–(11)は構文的要素が関与しているが，さまざまな統語境界が関与しており，直接統語構造に言及して説明することはできない．また，意味的な条件もまちまちである．それゆえ，(7)–(11)の事実は，統語構造から派生される韻律構造によって規制されている現象である．具体的には，統語構造をもとに形成される「音韻句」(以下，例文中でPPhと略記)という韻律範疇 ($\Rightarrow$ 第1章 (1)) が関与している．

　ここでは，英語の音韻句は，(14)に述べられている統語構造との対応関係によって構築されると仮定する (*cf.* Hayes 1989)．

(14) a. XPは，それぞれ別個の音韻句に対応する．
　　 b. XP内部において，主要部Xの補部はXと同じ音韻句内部にあるが，付加詞は別個の音韻句にある．
　　 c. XPの主要部Xが2つ以上の補部をとる場合には，二番目の補部は主要部と別個の音韻句にある．
　　 d. ある主要部Xの補部が枝分かれの複雑な構造をしている場合には，主要部と補部は別個の音韻句に含まれる．

このような対応に基づくと，次の一般化が可能である．

 (15) 「強弱反転」は，「音韻句」内部において適用され，その境界を越えては適用されない．

 (7)–(11)は，この一般化に従っている．強勢の移動が起こっている例は，関連する語が同じ音韻句内部にあるが((16))，強勢の移動が生じて容認度が下がる例は，関連する語がそれぞれ別個の音韻句に属している((17))．例文中では，直接関係のない部分の統語構造と韻律構造は省略してある．

 (16) a. [$_{VP}$ comprehending everything] → [$_{PPh}$ comprehending everything]
   b. It'll [$_{VP}$ interfere [$_{PP}$ with television]]. → It'll [$_{PPh}$ interfere with television].
   c. [$_{NP}$ the Japanese [$_{PP}$ of Honshu]] → [$_{PPh}$ the Japanese of Honshu]
 (17) a. [$_{NP}$ Tennessee], [$_S$ [$_{NP}$ I] [$_{NP}$ visited]]. → [$_{PPh}$ Tennessee] [$_{PPh}$ I visited].
   b. [$_{NP}$ Mississippi] [$_{VP}$ outlawed it]. → [$_{PPh}$ Mississippi] [$_{PPh}$ outlawed it].
   c. He [$_{VP}$ conceded [$_{NP}$ Tennessee] [$_{PP}$ to Carter]]. → He [$_{PPh}$ conceded Tennessee] [$_{PPh}$ to Carter].
   d. John [$_{VP}$ perseveres [$_{Adv}$ gladly and diligently]]. → John [$_{PPh}$ perseveres] [$_{PPh}$ gladly and diligently].
   e. Given the chance, [$_S$ [$_{NP}$ rabbits] [$_{VP}$ reproduce [$_{Adv}$ very quickly]]]. → Given the chance, [$_{PPh}$ rabbits] [$_{PPh}$ reproduce] [$_{PPh}$ very quickly].

 ちなみに，前節の前半で提示した形容詞と名詞からなる名詞句や複合名詞は，それ自体が単一の音韻句に対応する．それゆえ，強勢移動後の距離の条件に違反しないかぎり，「強弱反転」が適用されてよい．

2.1.3 まとめ：先行研究の問題点と今後の見通し

以上，英語の「強弱反転」について，大まかにではあるが論点を整理し，「移動後の強勢間の距離」という音韻的な条件があることと，音韻句という韻律構造により規定される側面があることをみた．

しかし，問題点がすべて解決されているわけではない．「強弱反転」そのものの性質について，少なくとも2つの未解決問題がある．1つは，「強弱反転」適用のさいの語彙的ばらつきの問題である．音韻的な条件と構文的な条件にまったく問題がないのに，ある語には「強弱反転」が適用されやすく，別の語には適用されにくいのはなぜか，という問題である ((2a) 対 (2b))．

もう1つの問題は，「強弱反転」適用後の容認性に，グラデーションがあることである．「強弱反転」適用後の構造に容認性のグラデーションがあるのは，本質的な問題か，それとも表面的な問題なのか，という問題がある．もし，グラデーションが容認度の問題ならば，リズム規則自体は音韻論の問題であり，グラデーションは表面的な現象になる．もし容認度の問題ではないならば，リズム規則自体は，音声学的な問題になりうる．ただし，この問題に関する本格的考察は，まだない．

2.2 リズム規則 II: リズム調整

2.2.1 現象概観

英語のリズム規則には，「強弱反転」のほかに，構造的条件が直接関係している現象がある．その現象が，Hayes (1984) が「リズム調整」と呼んでいる現象である．具体的には，句の構造上の枝分かれの仕方によって全体の強勢型が決定される現象で，典型例が次の (18) である (Hayes 1984, 60–61)．(例の上の数字は *SPE* 式の強勢表記方式で，1が一番強く，4が一番弱い．)

(18) a.　　2　　　3　　3　　1
　　　　　[[overdone stake] blues]　(*cf.* òverdòne stáke)
　　　b.　　2　　　3　　　4　　1
　　　　　[[almost [hard-boiled]] egg]　(*cf.* àlmost hàrd-bóiled)

(18)の例は，いずれも5音節から構成されており，強勢の「移動」が生じていることは共通しているが，全体の強勢型が違う．(18a)は「焼きすぎステーキブルース」という意味で，最初の2語が構成素をなしており，全体が「左枝分かれ」の構造をしている．そして，-done と stake の部分が同じ強さになっている．それに対して，(18b)は「ほどよくゆであがった卵」という意味で，句の中間の hard-boiled が構成素をなし，副詞の almost がそれを修飾し，全体が「右枝分かれ」の構造をしている．その結果，全体で4段階の強勢の差が生じている．

次に類例をあげる．(19)は(18a)の類例で，(20)は(18b)の類例である．

(19) a. [[[nineteen twenty] Ford] shop manual]
 (2–3–3–1, *2–3–4–1)
 b. [[[oratorio singer's] day] festival]
 (2–3–3–1, *2–3–4–1)　　　　　(Hayes 1984, 62)
(20) a. [[nineteen [twenty-four]] Chevy]　(2–3–4–1)
 b. [[remarkably [well-buttered]] toast]　(2–3–4–1)
 (*ibid.*)

これらの例には，実際に発話される例も含まれているので，「構文的な枝分かれの差」を反映した強勢型の違いは，微妙だがはっきりしている．

2.2.2　先 行 研 究

「リズム調整」という現象を最初に取り上げたのは，すでに述べたとおり Hayes (1984) が最初であるが，そのほかにこの現象を本格的に分析している研究は，オランダ語の「リズム調整」を扱っている Kager and Visch (1989)，それと「リズム調整」の理論的位置づけを意図した Hayes (1995) である．

3つの先行研究のうち，Hayes (1984) と Kager and Visch (1989) は，韻律構造における「リズム調整」適用の規制のされかたに焦点をあてている．前者は，「リズム調整」を規制しているのは「韻律樹形図」(metrical tree)に課される制約である，と主張している．後者は，その提案の問題点を指摘し，その提案のいわば精密化を図ったものである．Hayes (1995)は，2つの先行研究の利点を認めつつも，Kager and Visch (1989) が精密化した制約を，より原始的 (primitive) な概念に還元しようとする試みである．（詳しくは，Hayes (1984, 59–69)，Kager and Visch (1989, 40–48)，Hayes (1995, 382–391) を参照．）

　ただしこれら3つの先行研究は，少なくとも表面的には，「リズム調整」をインターフェイスの現象として扱うという明確な視点がない，という点で共通している．「リズム調整」という現象自体が，表現の構造的な枝分かれの違いを直接反映している(ようにみえる)ため，統語構造と韻律構造の「ずれ」という問題を，「強弱反転」の場合のように，韻律範疇の視点からみなかったという事情もある．しかし，「リズム調整」適用の可否を韻律範疇の視点から一般化できるか否か，検討してみる価値はある．

2.2.3　インターフェイス現象としての「リズム調整」：暫定的提案

　「リズム調整」については，「強弱反転」にも関与している韻律範疇を用いた暫定的な一般化が可能である．具体的には，第1章 (1) の韻律階層のなかで，音韻句より1つ下のレベルの接語群（以下，例文中はCGと略記）との対応がある．(18)–(20) の例は，2語からなる複合語を含め，すべて内容語から形成されている．Hayes (1989, 208) によると，内容語はそれぞれ1つの接語群に対応する．もしこの提案が妥当なもので，語中の2語から構成されている複合語が1つの接語群に対応するのであれば，問題となる例は，接語群のレベルでは，おおよそ次の (21) と (22) のような韻律構造をしていることになる．

(21)　(18a) およびその類例：[[[A–B] C] D] → [$_{CG}$ A–B] [$_{CG}$ C] [$_{CG}$ D]

(22)　(18b) およびその類例：[[A [B–C]] D] → [$_{CG}$ A] [$_{CG}$ B–C] [$_{CG}$ D]

　前節で述べたとおり，(21) は，2–3–3–1 の強勢型を，(22) は 2–3–4–

1の強勢型を，それぞれ示す．決定的な違いは，中間の2つの要素間の強勢レベルの違いの有無である．(21)と(22)の韻律構造を前提とすれば，その違いの有無は，韻律構造の違いに対応している．BとCの間に強勢レベルの違いがない (16) では，BとCの間に接語群の境界があるのに対して，BとCの間に強勢レベルの違いがある (17) では，BとCの間に接語群の境界がない．

以上のことを前提とすると，表面の強勢型をどのように派生するかという問題は未解決のままだが，次のような記述的一般化が可能である．

(23) ABCDという4つの要素から構成されている複合語において，
 a. BとCの間に接語群の境界があれば，「リズム調整」の適用の結果，BとCの間の強勢の差は生じない．
 b. BとCの間に接語群の境界がなければ，「リズム調整」の適用の結果，BとCの間の強勢の差が生じる．

この一般化は，「複合語内部の強勢の移動のさいには，接語群の境界を越えてはならない」という制限があることを示唆する．「強弱反転」が「音韻句」の境界を越えて適用されないのと同様に，「接語群」という韻律範疇の境界が，音韻規則の適用領域に指定されることを示唆する．

ただし，(23)の記述的一般化にも問題がないわけではない．それは，2語から構成されている複合語を，1つの接語群とみなしている点である．「リズム調整」の例を扱うかぎり問題はないが，Hayes (1989, 208) では，2語から構成されている複合語がどのように接語群に対応するのか述べられておらず，詳しく検討してみる余地が残っている．しかし同時に，「リズム調整」により生じる統語構造に対応する強勢型の違いが，強勢移動に課される韻律構造の制約の帰結として再解釈できることは，否定できない．

第3章　韻律範疇をめぐる問題

　前章で，現代英語のリズム規則の適用範囲を，音韻句と接語群という2つの韻律範疇に基づいて規定できることを示した．この章では，現在「韻律音韻論」（prosodic phonology）において仮定されている，次の (1) (= 第1章 (1)) の韻律範疇のうち，接語群，音韻句，それに音調句という韻律範疇設定の根拠について，現象を出発点にして紹介してゆく．

(1) 　a. 発話　　b. 音調句　　c. 音韻句　　d. 接語群
　　　e. 韻律語

3.1　文レベルでの分節音の過程 I: 接語群

　文を実際に発する場合，その状況により，個々の語の引用形式（citation form）の分節音の発音が「崩される」場合がある．そして，そのことが如実に現れるのが，「速い発話」（fast speech）である．語の分節音の発音が，「速い発話」で引用形式と違う場合があることは，以前から音声学の研究においても知られていた．しかし，音声学ではインターフェイスという視点はなく，現象の統語構造との関連はほとんど検討されなかった．部門間のインターフェイスの視点から事実を観察すると，語の分節音の発音は，一見すると，「速い発話」で自由に崩されるようにみえるが，語の配列や構文に関する制限があることがわかる．

3.1.1　現象概観

　子音に関係する現象には，子音の「脱落」と子音の「同化」という2つ

の現象が含まれる．まず子音の脱落には，[v] と [t] の脱落がある．前者は，次の (2) に示されているように，「速い発話」において他の子音の直前にある場合に，脱落することがある（現象の指摘は Selkirk (1972, 191)，規則の定式化は Hayes (1989, 209)）．

（2）　[v] → φ /＿[–syllabic]　(in fast speech)

具体例は次の (3) である．2 例とも，ある語が [v] という子音で終わり，次の語が子音で始まり，[v] が脱落している（Hayes 1989, 209）．

（3）　a.　Please leave [liː] them alone.
　　　b.　a piece of [ə] pie

しかし，「速い発話」なら自由に [v] を脱落させてよいかというと，そうではない．次の例では，規則 (2) の「構造記述」(structural description) は満たしているのに，[v] の脱落は許されない（Hayes 1989, 209）．

（4）　a.　Give [giv/*gi] Maureen some.
　　　b.　It was thought of [ɔv/*ɔ] ＿ constantly.

(3) と (4) の対比から，[v] の脱落には「分節音の並びかた」の指定のほかに，条件があることがわかる．その条件は，次のようになろう．(i) 二重目的語構文の動詞と間接目的語であれば，後者が代名詞でなければならない．(ii) 助動詞および前置詞の場合であれば，その直後にくる要素が直接の文法関係がある動詞や目的語でなければならず，(4b) のように，[v] の脱落が予想される語の直後に，統語的な「空所」があってはならない．

次に，[t] の脱落について考える．この現象は，次の (5) に示されているように，「速い発話」において [t] は，[+coronal] の子音（[s] や [n] など）ともう 1 つの子音でも母音でもよい分節音にはさまれている場合に，脱落してもよい（事実の指摘は Selkirk (1972, 192–194)，Kaisse (1985, 29–30) など，規則の定式化は Kaisse (1985, 29)）．

(5) [t] → φ / [C, + coronal] ___X　(in fast speech)

(6) が具体例である．(6a, c, e) は，(5) の「構造記述」を満たしているので，[t] の脱落が可能である．それに対して，(6b, d, f) は (5) の「構造記述」を満たしていないので，[t] の脱落は不可能である．(6b, f) では [t] の直前に子音がないので，[t] の脱落は不可能であり，(6d) では後続する分節音がないので，[t] の脱落は不可能である (Kaisse 1985, 29).

(6)　a. sent erratic messages　　b. *get erratic messages
　　　c. postcard　　　　　　　　d. *post
　　　e. don't know/eat　　　　　 f. *wrote cards

[v] の脱落と同様に [t] の脱落も，分節音の条件が整えば自由に起こるかといえば，そうではない (Kaisse 1985, 30).

(7)　a. just fine　　b. *just ... fine

(7a) は (5) の「構造記述」を満たしているので，[t] の脱落が可能であるのに対して，(7b) は (5) の「構造記述」を満たしているにもかかわらず，[t] の脱落は許されない．この場合も，「分節音の並びかた」に課される条件以外の条件がある．両者の決定的な違いは，前者では [t] の直後に休止がないのに，後者では [t] の直後に休止が存在することである．

　子音の脱落について2種類の具体例をみたので，次に，句および文のレベルにおける子音の同化の例として口蓋化を取り上げる．口蓋化とは，ある分節音が後続する分節音の影響により，その調音点が後方へずれて上顎の硬口蓋に移り，別の音になってしまう現象である．次の (8)–(10) に示されているように，前歯のすぐ後ろが調音点である [s], [z], [t], [d] が，後続する [š], [y], [č], [ǰ] の影響で，それぞれ [š], [ž], [č], [ǰ] に変化している．(事実の記述は Selkirk (1972, 187–190) が最初．(8) は Hayes (1989, 209)，(9) と (10) は Kaisse (1985, 35) による．)

(8) a. his [hiž] shadow　　b. Is [iž] Sheila coming?
　　　c. as [əž] shallow as [əž] Sheila
(9) a. could you　　b. can't you　　c. as you
　　　d. unless you
(10) a. a bad joke　　b. the worst joke　　c. whose shape
　　　d. worse shape

　句または文のレベルでの口蓋化という現象も,「速い発話」で分節音の条件が整えばかならず起こるというわけではない．次の (11) と (12) では，分節音の条件が満たされているのに，口蓋化が起こると容認度が下がったり，まったく不可になる．

(11) a. Laura's [lɔːrəz/?lɔːrəž] shadow
　　　b. Mrs. [misəz/?misəž] Shaftow
　　　c. Those fellas [feləz/?feləž] shafted him.
　　　　　　　　　　　　　　　　　　　　(Hayes 1989, 210)
(12) a. *John's yodeling upstairs.
　　　b. *This yields two dozen, it says.
　　　c. *He's my third urologist in as many months.
　　　　　　　　　　　　　　　　　　　　(Kaisse 1985, 37)

　(11) と (12) の事実から，口蓋化にも速度と分節音以外の条件があることがわかる．口蓋化の可否を峻別する要因は，次の2つである．(i) 口蓋化が可能であるのは，口蓋化を被る分節音を含む語が，機能語である ((8) と (9)) か，名詞の修飾語である ((10)) か，いずれかの場合である．(ii) 口蓋化に関連する2つの分節音が，2つとも内容語に含まれている場合や，互いに文法関係の薄い語に含まれている場合には，口蓋化は阻止されるか，起こりにくい．機能語対内容語の差や，関連する2つの分節音が含まれる語どうしの文法関係が関連することから，句および文のレベルの口蓋化に，統語上の情報が関連していることがわかる．

　「速い発話」における句および文レベルの分節音の変化の第四の例として，鼻子音の調音点同化を取り上げる．この現象は，ある語の語末の [n]

や [m] が，鼻音の特徴を残したまま，後続する語の語頭の分節音に調音点を一致させる現象である．具体例が (13) である (Selkirk 1972, 185)．

(13) a. in Colorado　［iŋ］　　　in bad condition　［im］
　　 b. on Copp's hill　［əŋ］　　on Boylston St.　［əm］
　　 c. from Karen　［frəŋ］　　 from Dick　［frən］
　　 d. from good to bad　［frəŋ］　from New Guinea　［frən］

この例で特徴的なことは，前置詞の語末の鼻子音の調音点が，後続する目的語の語頭の子音の調音点と同じになっていることである．

　ただし，この鼻子音の調音点同化も，隣接する分節音の条件が整えばかならず起こるかといえば，そうではない．(14) に示されているように，下線部は，鼻子音の調音点同化の条件を満たしているにもかかわらず，同化が起こった発音は，容認度が下がる (Selkirk 1972, 185)．

(14) a. John banked at the Chase at Manhattan.　　?[ǰɑm]
　　 b. Would they loan Carnegie ten million?　　?[lowŋ]
　　 c. They always malign credit risks.　　　　　?[məlayŋ]
　　 d. Mary gave the ham to Paul.　　　　　　　?[hæn]

　鼻子音の調音点同化が可能な場合と不可能な場合では，分節音の条件が同じであるため，鼻子音の調音点同化の可否の決定には，分節音の条件のほかに，少なくとももう 1 つの条件がある．それは，鼻子音で終わる語と，それに後続する語の間の文法関係である．すなわち，(13) の例はすべて前置詞とその目的語の例であり，関連する 2 つの語の間には，直接的文法関係が存在する．それに対して (14) では，それぞれ次のような関係である．主語と動詞 ((14a))，動詞とその間接目的語 ((14b))，動詞とその目的語の複合語の第 1 要素 ((14c))，および，直接目的語とそれに後続する前置詞句の前置詞 ((14d)) である．それに加え，同化する鼻子音を含む語は，すべて内容語である．

3.1.2 先行研究

前節であげた,「速い発話」における語の発音の引用形式との「ずれ」については,生成音韻論の理論の整備以後,いくつかの体系的な分析が提案されている.代表的なものには,Selkirk (1972), Rotenberg (1978), Kaisse (1985), それに, Hayes (1989) が含まれる.

Selkirk (1972) は,句および文レベルの音韻過程を *SPE* の枠組みで分析し,統語論と音韻論の関係を明らかにしようとした先駆的研究である.Rotenberg と Kaisse は,前提としている枠組みに違いはあるが,統語構造そのものが音韻過程を規定する,と主張している.Hayes は,「韻律構造は,統語構造とはかならずしも同形ではなく,独立の構造をしている」という韻律音韻論の立場から,[v] の脱落と口蓋化は,韻律範疇の視点から適切な一般化が可能である,と主張している.

この3種類の先行研究のうち,前節で問題となった,関係する2語の間の文法関係の粗密まで含めて事実の処理が可能なのは,Hayes (1989) だけである.次節では,Hayes が示した分析の妥当性をいま一度確認し,Hayes が直接分析していない現象にも応用する.

3.1.3 韻律範疇との関連

3.1.1節でも述べたとおり,「速い発話」における分節音の変化は,隣接する語が内容語か機能語かという区別や,関連する語どうしの文法関係によっても規制されている.しかし,内容語と機能語の区別や,2つの語の間の文法関係・意味関係は,表面の統語構造にかならずしも直接反映されるわけではない.たとえば同じ構文でも,変化が起こったり起こらなかったりしている ((3a) と (4a)).それゆえ,内容語と機能語の区別や,関連する語どうしの文法関係や意味関係を反映した構造が必要となる.

ここで,次の2つの仮説を想起していただきたい.

(15) 句および文レベルの音韻規則は,その構成要素間の関係に基づき,統語構造とかならずしも同形 (isomorphic) ではないように構築される韻律構造に適用される.

(16) 内容語対機能語の区別は,音韻構造に反映される.

(15) は，韻律音韻論の基本的な仮説であり，(16) は，SPE 以来，生成音韻論の枠組みで音韻現象を説明するさいの大枠の仮説である．以上 2 つの仮説が妥当なものであるならば，「速い発話」における分節音の変化を捉えるために必要になる構造とは，韻律構造であることになる．次に問題になるのは，どのレベルの韻律構造か，ということである．

どのレベルの韻律構造が関与しているのかを決定するために，3.1.1 節でみた 4 種類の現象の生起条件を，もう一度まとめ直してみる．

(17) [v] の脱落：動詞と代名詞目的語，助動詞と動詞の間
(18) [t] の脱落：[t] の直後に休止ががないこと
(19) 口蓋化：口蓋化を被るのは，機能語か名詞修飾の形容詞
(20) 鼻子音の調音点同化：前置詞とその目的語の間のみ

Hayes (1989, 209) は，「速い発話」における [v] の脱落と口蓋化は，(1) の韻律範疇のうち，接語群のレベルの現象であると主張している．その主張は納得できる．接語群は，おおよそ，次の (21) のアルゴリズムにより形成される．

(21) a. 内容語は，個別の接語群にかならず 1 つ含まれる．
b. 機能語は，それ自体で個別の接語群を構成できないので，内容語が形成される接語群に含まれる．

(21) のアルゴリズムに基づいて，[v] の脱落と口蓋化の例を再分析すると，次のような一般化が可能である．

(22) 「速い発話」における句および文レベルでの [v] の脱落と口蓋化は，関連する 2 つの語が同じ接語群に含まれている場合に起こる．

次に，この一般化が，提示した例にあてはまることを示す．まず，(23) の [v] の脱落の場合を検討する．(23a) では，関連する 2 語 (save と me) が内容語と代名詞で，同じ接語群にあり，[v] の脱落が生じてもよいが，(23b) では，関連する 2 語 (save と those people) がいずれも内容語で，

別々の接語群にあり，[v] の脱落は生じない．

 (23) a. [_S_ Will you [_VP_ save me [_NP_ a seat]?] → [_CG_ Will you save me] [_CG_ a seat?]
    b. [_S_ We'll [_VP_ save [_NP_ those people] [_NP_ a seat].] → [_CG_ We'll save] [_CG_ those people] [_CG_ a seat.]

次に，(24) にある口蓋化の場合をみる．(24a) では，関連する 2 語が所有代名詞と名詞であり，同じ接語群に含まれ，口蓋化が起こるが，(24b) では，関連する 2 語とも内容語で，別々の接語群にあり，口蓋化は起こらない．

 (24) a. [_CG_ his shadow] (= (8a))
    b. [_CG_ Laura's] [_CG_ shadow] (= (11a))

鼻子音の調音点同化も，[v] の脱落および口蓋化と同様に，接語群の内部で適用される規則であると考えてよい．次の (25) と (26) の例を考えてみよう．まず (25) は同化が生じる例で，前置詞とその目的語は，定義上，同じ接語群に含まれる．

 (25) a. [_PP_ in [_NP_ Colorado]] → [_CG_ in Colorado] (= (13a))
    b. [_PP_ in [_NP_ bad condition]] → [_CG_ in bad] [_CG_ condition] (= (13a))

次の (26) は，鼻子音の調音点同化が起こると容認度が下がる例で，関連する語 (loan と Carnegie, malign と credit) がいずれも内容語で，定義上，別々の接語群に含まれている．

 (26) a. [_S_ Would they [_VP_ loan [_NP_ Carnegie] [_NP_ ten million?]]] → [_CG_ Would they loan] [_CG_ Carnegie] [_CG_ ten million?] (= (14b))
    b. [_S_ They always [_VP_ malign [_NP_ credit risks.]]] → [_CG_ They always] [_CG_ malign] [_CG_ credit risks.] (= (14c))

以上，「速い発話」における分節音の発音の変化のうち，3 つの現象が，

韻律範疇の1つである「接語群」という単位の内部で起こる現象であることが明らかになった．前節で紹介した現象のうち，[t] の脱落については，[t] の直後に休止がないことが条件であるゆえ，後に紹介する「音調句」内部で起こる現象であると考えられる．

3.2 文における句形成の問題
3.2.1 文レベルでの分節音の過程 II: 音韻句

接語群の上のレベルの韻律範疇は「音韻句」だが，現代英語の「音韻句」内部で生ずるインターフェイス現象は，第2章で取り上げた「強弱反転」くらいで，「音韻句」をその適用領域とするインターフェイス現象は，あまりみつかっていない．ただしこの韻律単位は，他の言語で重要な役割を果たす．たとえば，イタリア語（Nespor and Vogel (1986) ほか）の句または文レベルの分節音の現象や，アフリカの諸言語（Inkelas and Zec 1990）の声調（tone）現象である．

ここでは，それらのなかから，統語論と音韻論のインターフェイス研究の初期から研究対象になっている，イタリア語の Raddopipiamento Sintattico（以下，RS と略記）と呼ばれる現象を取り上げる．RS とは，母音で終わる語と子音で始まる語が隣接し，子音で始まる語の語頭の子音が重子音化する現象である．具体例が次の (27) で，下線部で RS が生じることを示している（Nespor and Vogel 1986, 167）．

(27) a. Avrá trovato il pescencane. (He must have found the shark.)
  b. La gabbia é giá caduta. (The cage has already fallen.)

しかし，分節音の条件が整えば RS が自由に適用される，というわけではない．次の (28) に示されているように，分節音の条件が整っていても RS が生じない場合が存在する（// で示されている部分）(Nespor and Vogel 1986, 167)．

(28) a. Devi comparare delle mappe di cittá//molto vecchie.
   (You must buy some very old city maps.)

b. La gabbia era dipinta di giá//completamente.
（The cage was already completely painted.）

　以上の事実から，RS には，「分節音の並びかた」のほかの条件も課されていることが明らかになった．それは一見構文的なもので，ごく大まかな形で述べるとすれば，「RS は，ある句の内部で生じてよいが，句の境界を超えて生じてはならない」ということになる．

　RS は，上でも述べたとおり，統語構造と関連する音韻現象として，インターフェイス研究の初期から代表的な研究テーマの1つであった．代表的な先行研究には，Napoli and Nespor (1979)，Nespor and Vogel (1982, 1986)，Kaisse (1985) などがある．これらの先行研究のなかで，Napoli and Nespor と Kaisse は，RS の生起条件は統語構造そのものにより決定されると主張しており，Nespor and Vogel は，RS の生起条件が韻律範疇により決定されると主張している．

　ここでは，Nespor and Vogel に従い，RS の生起は韻律構造により決定される，という立場をとる．というのも，韻律構造に基づくと，見通しのよい一般化が得られるからである．次の一般化が可能である．

(29) RS が可能なのは，分節音の並びかたの条件が満たされ，関係する2語が同じ音韻句に含まれている場合である．

　(29) の一般化の妥当性を確認するために，Nespor and Vogel (1986, 171) が提示している，文中に RS が生ずる環境と生じない環境を含む例を考える．それが次の (31) である．この例の特徴は，ho と visto, tre と coibrí, molto と scuri の間では RS が生じるが，その他の場所では RS が生じないことである．ここで，イタリア語の音韻句が，おおよそ次の (30a) のイタリア語の統語構造の鋳型に基づき，(30b) の規則により構築されると仮定する．

(30) a. i. XP → SPEC X′
　　　　ii. X′ → complement X complement complement
　　　　　　　　　　　　　　　　　(Napoli and Nespor 1979)

b. XPの主要部Xとその左のある要素は，音韻句を形成する．Xの右にある補部は，それぞれの同じ要領で音韻句を形成する．

次の構造をみれば明らかなように，RSは音韻句をその適用領域にしている．（下線部がRSが生じる場所で，//がRSが阻止される場所である．）

(31) a. [$_{VP}$ Ho [$_{V'}$ visto [$_{NP}$ tre [$_{N'}$ coibrí [$_{AP}$ molto scuri]]]]]
 (I saw three very dark hummingbirds.)
 b. [$_{PPh}$ Ho visto]//[$_{PPh}$ tre coibrí]//[$_{PPh}$ molto scuri]

音韻句という韻律範疇を用いて有効な一般化が得られる他の音韻現象については，Nespor and Vogel (1986, 177–184) を参照．

3.2.2 文中の休止：音調句

音韻句についての論証が終わったので，それより一段上のレベルである「音調句」（以下，例文中はIPhと略記）について述べる．音調句とは，換言すれば「句切りの単位」である．そしてその「句切りの単位」には，「義務的な句切りの単位」と「随意的な句切りの単位」がある．この節では，後者のみを扱う．前者については，Downing (1970)，今井・中島 (1978) などを参照．

今井・中島 (1978, 469) も述べているように，以前は，「随意的句切りの単位」については不明な点が多く，ほとんど研究されていなかった．その問題について本格的議論が始まったのは，Selkirk (1984) やNespor and Vogel (1986) が刊行されてからである．ただし，いずれも断片的なものであり，体系的な研究はTaglicht (1998) がはじめてである．

先行研究の吟味をする前に，「随意的な句切りの単位」についての基本的な事実をみてゆく．まず，主語，動詞，目的語，それに前置詞句から構成されている文の場合，全体を句切りなしで発音してもよい ((32c)) が，句切りを入れて発音してもよい．(32a) は，主語，動詞と目的語，それに前置詞句という3つの句切りをつけた場合で，(32b) が主語の直後に句切りをつけた場合である (Taglicht 1998, 184)．

(32) a. [IPh The frog] [IPh ate a fly] [IPh for lunch].
　　 b. [IPh The frog] [IPh ate a fly for lunch].
　　 c. [IPh The frog ate a fly for lunch].

　しかし「随意的な句切りの単位」であっても，その句切りの場所をまったく自由に選択できるわけではない．いくつかの制約がある．
　まず，主語よりも左に出現する副詞を含む例．(33)のように，文修飾副詞の後には随意的な休止があってよいが，(34)のように，主語名詞句の一部を修飾する副詞の後には，随意的な休止があってはならない (Taglicht 1998, 184)．（大文字の語は，その語が文アクセントを担うことを示す．）

(33) 　[IPh But SURELY] [IPh ALL of them KNEW that].
(34) *[IPh But ALMOST] [IPh ALL of them KNEW that].

次に，(35)と(36)の対比を考えてみよう．(35)のように，時を表す副詞表現の直後に休止を入れることは可能だが，(36)のように，副詞表現の中間に休止を入れることは許されない (Taglicht 1998, 184)．

(35) 　[IPh On MONDAY] [IPh MOST of them LEFT].
(36) *[IPh On MONDAY] [IPh MORNING they LEFT].

以上のことから，随意的な休止は，ある構文上の構成素の「端」にあっても問題はないが，ある構成素の「中間」にあってはならないことがわかる．
　類似の例として，(37)がある．主語名詞句の直後に随意的な休止を入れることは可能だが，主語の名詞を修飾する形容詞の直後に随意的な休止を入れることは許されない (Taglicht 1998, 186)．

(37) a. 　[IPh Danish beer] [IPh is better].
　　 b. *[IPh Danish] [IPh beer is better].

　また，主語の直後ならば，随意的な休止が常に可能であるわけではない．(38a)のように，動詞句が等位接続詞で結ばれている場合には，主語

名詞句の直後に随意的な休止を入れてもかまわないが，(38b)のように，文どうしが等位接続詞で結ばれている場合には，最初の文の主語の直後に随意的な休止を入れることはできない (Taglicht 1998, 187).

(38) a. [IPh John] [IPh saw the play and liked it].
b. *[IPh John] [IPh saw the play and Mary went to the concert].

主語名詞句の直後の休止の可否により，構文上の構成素の「端」だけでなく，文全体の構造自体の条件もあることが明らかになった．

構文上の構成素の「端」だけでは説明できない例に，(39)と(40)がある．いずれの場合も，直接目的語の直後に随意的休止を入れることは問題ない ((39a)と(40a)) が，動詞の直後に随意的休止を入れることはできない ((39b)と(40b))．(39b)と(40b)は，構文上の構成素という視点からみれば，間接目的語の「左端」に休止が入っていることになるので，問題ないという予測が立つが，事実は違う (Taglicht 1998, 187).

(39) a. [IPh Give your friend] [IPh a book].
b. *[IPh Give] [IPh your friend a book].
(40) a. [IPh Return the book] [IPh to John].
b. *[IPh Return] [IPh the book to John].

構成素の「端」だけでは説明できない例として，次の(41)がある．(41a)は，動詞の直後でthat節の直前に休止があり，適格な例である．動詞の直後ということでは，(39b)と(40b)と同じであるが，後続する要素がthat節である点が違っている．(41b)は，that節内の主語の直後に随意的な休止を入れることは，不可能であること示している．そして(41c)は，間接目的語の直後に随意的な休止を入れても，適格になる例である．この例は，直接目的語であれ，間接目的語であれ，その「右端」に随意的休止を入れることが可能であることを示している (Taglicht 1998, 188).

(41) a. [IPh Everyone knows] [IPh that this is not true].
b. *[IPh We know this change] [IPh is completely baseless].

c. [IPh She gave her friend] [IPh an interesting book].

　次に，等位構造における随意的休止に課される制約をみる．まず，(42) にあるように，3つ以上の要素が等位接続されている場合には，それぞれの要素の後に休止を入れなければならず，どれか1つの要素の直後の休止が欠けても不適格になる (Taglicht 1998, 190)．

(42)　a.　[IPh John] [IPh Mary] [IPh and Peter]
　　　b. *[IPh John] [IPh Mary and Peter]
　　　c. *[IPh John, Mary] [IPh and Peter]

　また，名詞句内部で名詞を修飾する形容詞が2つ以上ある場合，等位接続詞で結びつける場合と，接続詞なしの場合があるが，次の (43) にあるように，いずれの場合にも，最初の形容詞の直後に随意的な休止をおいてかまわない．この場合，構文上の構成素の「端」ではなく，「中間」に休止をおいているようにみえるが，適格である (Taglicht 1998, 190)．

(43)　a.　[IPh the large] [IPh and more expensive models]
　　　b.　[IPh the large] [IPh more expensive models]

　次に，もう少し複雑な場合を観察する．まず，関係代名詞節が2つ連続している (44) である．この場合，「随意的な句切りの単位」を設定すると，(44b) のように，統語構造と「ずれ」がある単位が設定される．ただし，構文的単位と句切りの単位の「ずれ」があることは確かだが，休止の入る位置は，関係代名詞節という「構文的単位」の「左端」と一致している．

(44)　a.　[This is the cat [that chased the rat [that ate [the cheese]]]].
　　　b.　[IPh This is the cat] [IPh that chased the rat] [IPh that ate the cheese].　　　　　　　　　　　　　　(*SPE*, 372)

　次に，主語，動詞，目的語からなる単文における，「随意的な句切りの単位」について考える．この種の単文中に随意的な休止を1箇所入れるとすれば，その可能性は，主語の直後か動詞の直後の2つである．主語の直

後に随意的な休止を入れることは，当然可能であるが ((45a))，注目すべきは，(45b-d) に示されているように，動詞の直後に随意的な休止を入れることができることである．

(45) a. [_IPh_ Mary] [_IPh_ preferred his first book].
(Taglicht 1998, 191)
b. [_IPh_ Mary prefers] [_IPh_ corduroy].
(Selkirk 1984, 291)
c. [_IPh_ Harry disliked] [_IPh_ organization].
(Jackendoff 1988, 329)
d. [_IPh_ Mary preferred] [_IPh_ his first book].
(Taglicht 1998, 191)

(45b–d) は，構文的単位の中間に休止を入れることができない (36) および (37b) と，いちじるしい対比をなす．

似たことが，名詞句の中間で起こる．(46) の例を考えてみよう．(46a) は，前置詞句が補部の名詞句内で，前置詞の直後に随意的な休止がある．(46b) は，同じ例のもう1つ可能な休止の入れかたで，この場合は，前置詞句の直前に休止がある．2つの例に共通しているのは，構文的な単位の「中間」に休止が入っていることである (Jackendoff 1988, 329)．しかし，(47) にあるように，前置詞句を補部にとる名詞句が主語にある場合，前置詞句の直前に休止があると不適格になる (Jackendoff 1988, 330)．

(46) a. [_IPh_ *Sesame Street* is a production of] [_IPh_ the Children's Television Workshop].
b. [_IPh_ *Sesame Street* is a production] [_IPh_ of the Children's Television Workshop].
(47) *[_IPh_ The man] [_IPh_ in the blue hat gesticulated].

英語の「随意的な句切りの単位」の具体例の最後の例として，(48) と (49) で，Selkirk (1984, 293) が提示している休止の置きかたを提示する．(48) で6通りの可能な例が，また (49) で2通りの不可能な例が示されている．

(48) a. [IPh Jane gave the book to Mary].
b. [IPh Jane] [IPh gave the book to Mary].
c. [IPh Jane gave the book] [IPh to Mary].
d. [IPh Jane gave] [IPh the book] [IPh to Mary].
e. [IPh Jane] [IPh gave the book] [IPh to Mary].
f. [IPh Jane] [IPh gave] [IPh the book] [IPh to Mary].
(49) a. *[IPh Jane] [IPh gave] [IPh the book to Mary].
b. *[IPh Jane gave] [IPh the book to Mary].

以上，英語の随意的音調句についての事実をあげ，音調句の境界が，構文的単位の「端」にあるものと，「中間」にあるものが存在することが明らかになった．とくに，音調句の境界が構文的単位の「中間」にあるものは，音調句という韻律単位と統語構造との間に「ずれ」があり，前者は後者からは独立した存在であることを示唆するものである．

3.2.3 音調句についての先行研究とその提案の是非

現代英語における音調句のインターフェイスという視点からの体系的研究は，(インターフェイスという概念を明確な形では述べていないが，) Downing (1970) が最初である．しかし，それは義務的な音調句を対象とし，韻律範疇も導入されていなかった．それ以後，Selkirk (1984, 1995), Ladd (1986, 1998), Nespor and Vogel (1986), Jackendoff (1988), Hayes (1989), Steedman (1991, 2000), それに Taglicht (1998) などの研究がある．ただし，大部分の研究は断片的なものである．例外は，Selkirk (1984), Jackendoff (1988), Taglicht (1998) である．

上記3つの例外的研究は，いずれも示唆的である．Selkirk (1984, 286) は，「意味単位」(sense unit)（「意味単位」とは，主要部と補部および主要部と修飾語を指す）という概念を導入し，次の条件を提案している．

(50) ある音調句に含まれるものは，「意味単位」を構成する．

つまり，「意味単位」を構成していない要素どうしは，同じ音調句に含まれることができない，ということになる．

Jackendoff (1988, 329) は，随意的音調句の境界の画定には，統語構造が関与している部分が存在しているという前提のもと，次の対応規則を提案している．

(51) 文末にある句の形をした構成素は，音調句を形成してよい．

つまり，文を文末からみてゆき，句の左端を音調句の境界と一致させると，句切りの単位として適格になるが，一致していない場合は，句切りの単位としては不適格になる，ということである．

Taglicht (1998) は，統語構造と随意的音調句の関係を扱ったはじめての包括的研究で，随意的音調句の事実を説明するために，統語構造の主要部と等位構造に課される制約を提案している．具体的には，次の (52) と (53) である（ただし，いずれも Taglicht の提案を，趣旨を損なうことなく簡略化して示したもの）．

(52) ある統語構成素の中間に音調句の境界がある場合には，その構成素末に音調句の境界がないと不適格になる．
(Taglicht 1998, 185)

(53) 等位構造のなかのある 2 つの要素の間に音調句の境界がある場合には，その等位構造に含まれるすべての要素の間に音調句の境界がなければならない． (Taglicht 1998, 189)

これらの随意的音調句の確定についての制約のうち，Selkirk が提案した (50) では，(46a) のように，名詞とその補部の前置詞だけが同じ音調句に含まれる事実を説明することができない．Taglicht (1998) の制約は，前節で提示した事実をすべて説明できるので，経験的には問題ないと思われる．

3 つの制約のうち，インターフェイスの視点からもっとも興味深いのは，Jackendoff が提案した (51) である．前節で提示した事実をいま一度観察し直してみると，文末の随意的音調句は，Jackendoff 自身が提示した以外の例も含め，すべて句要素 (NP, S, VP, PP) に対応していることがわかる．そして，文末以外の場所にある音調句は，(51) の予測どお

り，かならずしも句要素に対応していない．文末の音調句が句要素に対応していれば，文末以外の位置の音調句と句の対応は問題にはならない．

3.2.4 今後の展望

前節で，音韻句と音調句の存在と，関連する言語事実を提示し，先行研究の提案の是非にも触れたので，今後の展望についての私見を述べておく．

まず，音韻句については，さまざまな言語の句および文レベルの音韻現象の生起する範囲を画定するさいに，重要な役割を果たしていることが明らかになっている．この韻律単位は音韻現象に基づき画定されるため，音調句と違い，話者が直接知覚することができない「抽象的」な韻律単位である．しかし，その存在に疑問をはさむ余地はない．また次の節で述べるように，音韻句は，近代英語や現代英語の詩において，一見すると「破格」にみえるリズムを規定するさいに，いままで考えられていた以上に重要な役割を担っていることが，岡崎（2000）により指摘されている．

音韻句について残された問題は，音韻句自体が統語構造のみに基づいて形成されるのか，ということである．その問題については，たとえばKanerva (1990) が，アフリカ中部の東の地域で話されている，バンツー語（Bantu）系の言語の1つであるチチェワ語（Chicheŵa）の音韻句画定に関して，前提や焦点という意味情報の関与を指摘している．またOkazaki (1998) は，英語の文アクセントの分布をもとに，音韻句画定のさいの意味情報の関与を指摘している．それゆえ，音韻句画定のさいの統語情報と意味情報の役割分担がどうなっているのか，今後詳しく吟味する必要がある．

音調句は，(1) の韻律範疇のなかではもっとも抽象度の低いものであるが，韻律単位のなかでもっとも研究が遅れている．その画定にさまざまな要因が関わっていることも明らかになっていたため，どの事実をインターフェイス現象とみなすべきか，最近まで不明だった．ここで紹介した事実は，音調句に関する事実のうちのほんの一部にすぎない．

音調句の画定に統語構造が関与していることは，否定できない．ただ

し，文アクセントの分布や情報構造の関与も指摘されている（今井・中島(1978)，Taglicht (1998) など参照）．またハンガリー語では，音調句画定のさいに，論理形式（Logical Form）の情報の関与も指摘されている（Vogel and Kenesei 1990）．したがって，音調句画定の原理を設定するためには，やはり，統語構造と意味情報の役割分担がどうなっているのか，吟味する必要がある．

3.3 近代英語の詩における句形成の問題

次に，韻律範疇を用いて説明できる現象の応用編として，初期近代英詩の韻律を取り上げる．初期近代英語期はさまざまな形式で詩が作られた時代であるが，強弱を基本としたゲルマンの頭韻詩はすでに作られなくなり，弱強を基本とした脚韻詩が詩の形式の主流を占めていた．本節では，そのなかから，1 行が 10 音節からなり，弱い音節（W）と強い音節（S）が交互に 5 回繰り返され，WS が詩のリズムの基本単位の脚（foot）を形成するとされている「弱強 5 歩格」(iambic pentameter) の韻律を取り上げる．

「弱強 5 歩格」の基本となる「詩の鋳型」は，(54) にあるような単純なものであると考えられてきた．

(54)

W S W S W S W S W S

しかし実際の作品では，(54) のとおりのリズムはむしろ少数派で，鋳型どおりのリズムにならない詩行のほうが圧倒的に多い．

そのことを，Shakespeare の *Sonnet 1* を例にして観察する．(55) で二重下線を施した部分が，(54) の鋳型とずれている部分である．

(55)　From fairest creatures we desire increase,　　　　1
　　　That thereby beauty's rose might never die,　　　2
　　　But as the riper should by time decrease,　　　　3

His tender heir might bear his memory;	4
But thou, contracted to thine own bright eyes,	5
Feed'st thy light's flame with self-substantial fuel,	6
Making a famine where abundance lies,	7
Thyself thy foe, to thy sweet self too cruel.	8
Thou that art now the world's fresh ornament	9
And only herald to the gaudy spring	10
Within thine own bud buries thy content,	11
And tender churl, mak'st waste in niggarding.	12
Pity the world, or else this glutton be:	13
To eat the world's due, by the grave and thee.	14

(55)では，(54)の鋳型どおりの行は14行中1行もない．1行中に，複数のずれが生じているものさえある．鋳型との「ずれ」が生じている場合，どのような「ずれかた」をしているのか，まとめると次の(56)のようになる．

(56) a. Sの場所に弱く発音される機能語が入っている．(we (1), as (3) など)
     b. WSの場所にSWの語が入っている．(creatures (1), making (7), pity (13) など)
     c. SWSの場所にSWWの語が入っている．(ornament (9) など)

　鋳型に合わない「破格」を含む詩行は，いわゆる「伝統的韻律論」において詳細に分類された．しかしその分類では，構文的単位との関連について，現代的視点からみて多くの示唆的な指摘が含まれていることは事実だが，「文法の部門間のインターフェイス」という視点はなかった．（伝統的韻律論の「破格」の分類については，石井 (1964)，桑原ほか (1985) などを参照．）「破格」がインターフェイスの視点から研究されるようになったのは「生成音韻論の枠組みでの詩の韻律分析」（以下「生成韻律論」と

第3章　韻律範疇をめぐる問題　37

略記) が始まってからである．

　生成韻律論では，Chaucer の詩を分析した Halle and Keyser (1966) が最初の研究であり，初期近代英詩の分析は，Halle and Keyser (1971a, b) が最初のものである．しかし，これらの研究では，詩の韻律と構文や意味との関係は重要視されなかった．構文的な単位との対応関係を前面に出して，近代英語の詩の分析を提示したのは，Kiparsky (1975) が最初である．その後，Kiparsky (1977) で「韻律理論」に基づく改訂版が提案され，理論が面目を一新した．それをもとに，Hayes (1983) がさらに改訂版を提案し，Hayes (1989) において，一般理論にまで発展している．

　Kiparsky (1977) をはじめとする，インターフェイスの視点による「詩の鋳型と実際のリズムのずれ」の研究によって，「ずれ」が生じる位置の特定がより厳密な形で行なわれるようになった．また，その副産物として，詩人ごとのリズムの「くせ」が単なる感覚的なものではなく，統語構造によって厳密に規定できるものであることが明らかになった．インターフェイスからの韻律研究のうち，とくに Hayes (1989) は，「詩の鋳型と実際のリズムのずれ」の生ずる位置は，韻律範疇により規定できると主張している．

　この節では，基本的に Hayes (1989) の立場を踏襲し，「詩の鋳型と実際のリズムのずれ」が生ずる位置は韻律範疇により規定できる，という立場をとる．そのうえで，Shakespeare の詩 (劇の blank verse も含む) における詩の鋳型と実際のリズムの「ずれ」のうち，詳しく考察されていない事実をいくつか取り上げ，韻律範疇を用いて新しい一般化を提案する．

　まず，最初の例は次の (57)–(62) である (例は Yamada (1981) より)．具体例の上に示したのが実際のリズムで，下に示した W と S が詩の鋳型である．また，関係する部分だけ統語構造を示してある．

(57)　　　　　　　　　　　　　S　W　　　　　　WW
　　We$_i$ shall be call'd [$_{SC}$ t_i [$_{NP}$ purgers], not [$_{NP}$ murderers]]
　　W　S　W　S　　　　　W　S　W　　S　WS
　　　　　　　　　　　　　(*Julius Caeser,* II. ii. 180)

(58)   S W
     You have a father: let your son [vp say so]
     W   S W SW   S W   S   W S
                                                       (*Sonnet*, 13. 14)

(59)   WS
     Where you may [vp abide] till your date expire
     W   S   W   SW   S W   S   WS
                                                  (*Pericles*, III. iv. 14)

(60)   S W
     Though I condemn not, yet [pp under pardon]
     W   SW   S   W   S   WS   W S
                                              (*King Lear*, I. iv. 365)

(61)   S
     Or [NP my divine soul] answer it in heaven
     W   SWS   W   S WS   S
                                                 (*Richard II*, I. i. 38)

(62)   W S
     Will [NP the king] come, that I may breathe my last
     W   S   W   S   WSW   S   WS
                                                (*Richrad II*, II. i. 1)

　問題になるのは，二重下線を施した部分の「詩の鋳型と実際のリズムのずれ」である．つまり，鋳型のWの位置を強音節が占める場合と，鋳型のWSもしくはSWが，SWとWSにそれぞれ逆転している場合である．このような「鋳型とのずれ」と統語構造との対応を考えると，ある規則性の存在に気づく．すなわち，「ずれ」が生じているのはすべて構文上の境界で，NP ((57), (61), (62))，VP ((58), (59))，それにPP ((60)) が含まれる．

　「詩の鋳型と実際のリズムのずれ」が生じている場合には，構文的単位の境界が関与しているが，雑多な統語範疇が含まれている．なぜ資格の違う3種類の統語範疇が，「詩の鋳型と実際のリズムのずれ」に関して，共

通の振る舞いをするのかという疑問が生ずる．

　統語的に違う資格をもつ複数の範疇が，詩の鋳型とのずれに関して共通の振る舞いを示すのであるから，統語的差異の背後に何らかの共通性があるはずである．インターフェイスの視点からこの共通性について考えると，意味論的な共通性か，音韻論的な共通性ということになる．NP，VP，PP という統語的差異は，そのまま意味的差異に対応している．それゆえ，問題となる「詩の鋳型と実際のリズムとのずれ」を許容する環境の解明には，3 つの統語範疇の音韻論的な共通性を探らなければならない．

　結論からいえば，問題となっている 3 種類の統語範疇に共通している音韻的特性は，（特別の事情のないかぎり）独立して音韻句を形成できることである．具体的には，第 2 章で「強弱反転」の適用範囲を規定するさいに紹介した，統語構造と音韻句の対応関係「XP は，それぞれ個別の音韻句に対応する」（第 2 章 (14a)）を想起していただきたい．この対応関係をもとにすると，問題となる部分の韻律構造は，次の (63)–(68) に示されているものになる

(63) We shall be call'd [$_{PPh}$ purgers], not [$_{PPh}$ murderers]　(= (57))
(64) You have a father: let your son [$_{PPh}$ say so]　(= (58))
(65) Where you may [$_{PPh}$ abide] till your date expire　(= (59))
(66) Though I condemn not, yet [$_{PPh}$ under pardon]　(= (60))
(67) Or [$_{PPh}$ my divine soul] answer it in heaven　(= (61))
(68) Will [$_{PPh}$ the king] come, that I may breathe my last　(= (62))

(63)–(68) の韻律構造から，「ずれ」が音韻句の「右端」で生じていることがわかる．つまり，Shakespeare の詩における「詩の鋳型と実際のリズムのずれ」について，次の一般化が可能である．

(69)　Shakespeare の詩においては，音韻句の「右端」で「詩の鋳型と実際のリズムのずれ」が生じてもよい．

この一般化で重要なことは，「ずれ」が生じてよい位置が，音韻句という韻律範疇によって規定され，しかも，その「右端」であることである．い

ままでの生成韻律論の研究では,「詩の鋳型と実際のリズムのずれ」は,ある構造の「左端」で起こりやすく,「右端」では起こりにくいという説が支配的で,韻律範疇の右端に少しでも注目しているのは,(63)–(68) とは別の「周辺的」現象を扱っている Hayes (1989) くらいである.

次に (69) の一般化が,その場限りのものではなく,Shakespeare の詩における広範囲の「詩の鋳型と実際のリズムのずれ」を捉えることが可能であることを示す.(69) を支持する第一の事実は,SW という強勢型をもつ 2 音節複合語の分布である.その種の複合語は,Yamada (1981) によれば,複合語により,詩の鋳型の SW の位置に生ずるもの ((70)),WS の位置に生ずるもの ((71)),それに SW の位置と WS の位置の両方に生ずるもの ((72)) の 3 種類がある.問題になるのは,後者 2 種類の複合語である.

(70) SW の位置に生ずる 2 音節複合語
    a. And burn in many places; on the topmast
        (*Tempest*, I. ii. 200)
    b. To make an earthquake! Sure it was the roar
        (*Tempest*, II. i. 320)
    c. The glow-worm show the matin to be near,
        (*Hamlet*, I. v. 89)
    d. The heartache and the thousand natural shocks
        (*Hamlet*, III. i. 64)

(71) WS の位置に生ずる 2 音節複合語の例
    a. Their pricks [$_{PP}$ at [$_{NP}$ my foot-ball]]: sometime am I
        (*Tempest*, II. ii. 12)
    b. [$_{PP}$ In the [$_{NP}$ line-grove [$_{CP}$ which whether-fends your cell]]];   (*Tempest*, V. i. 10)
    c. [$_{PP}$ In [$_{NP}$ thy heart-blood]], though being all to base
        (*Richard II*, IV. i. 28)
    d. Which arms encumber'd thus, or the [$_{NP}$ head shake]
        (*Hamlet*, I. v. 174)

e. O! 'tis the spite of hell, [NP the fiend's arch-mock]
　　　　　　　　　　　　　　　　　　　　(*Othello*, IV. i. 71)
　　　f. He is not rolling [PP on [NP a lewd day-bed]]
　　　　　　　　　　　　　　　　　　　　(*Richard III*, III. vii. 71)
(72)　WSとSWの位置に生ずる2音節複合語のうち，WSの位置に生ずる場合
　　　a. But [PP to [NP the next highway]], and there I left him
　　　　　　　　　　　　　　　　　　　　(*Richard II*, I. iv. 4)
　　　b. [PP In [NP my school-days]], when I had lost one shaft
　　　　　　　　　　　　　　　　　　　　(*The Merchant of Venice*, I. i. 141)
　　　c. Do wound the barak, the skin [PP of [NP our fruit-trees]]
　　　　　　　　　　　　　　　　　　　　(*Richard II*, III. iv. 58)
　　　d. Was [NP our sea-fight], and what to this was sequent
　　　　　　　　　　　　　　　　　　　　(*Hamlet*, V. ii. 54)

　ここでふたたび，「詩の鋳型と実際のリズムのずれ」が生ずる統語環境を考えてみると，この場合もさまざまな統語境界が関与している．具体的には，大部分の例がNPもしくはPPの右端であり，1例のみ((71b))，NPの中間で関係代名詞節の直前である．したがって，共通の音韻的特徴が何であるのか，考える必要がある．

　結論から述べれば，複合語が関係する「詩の鋳型と実際のリズムのずれ」も，(69)によって捉えることができる．NPやPPが，それ自体音韻句に対応するのは，第2章の(14a)にあるとおりである．また，(71b)の場合も，主要部の名詞は，後続の関係代名詞節とは別の音韻句に属している．関係代名詞節は名詞を修飾する修飾語で，付加詞である．それゆえ，第2章(14b)の規定により，主要部の名詞とは同じ音韻句内部には入れない．(73)と(74)に示されているように，(69)の一般化があてはまる．

(73)　WSに生ずる2音節複合語の例 (= (71))
　　　a. Their pricks [PPh at my foot-ball]: sometime am I
　　　b. [PPh In the line-grove] [PPh which whether-fends your cell];
　　　c. [PPh In thy heart-blood], though being all to base

d. Which arms encumber'd thus, or [_PPh_ the head shake]
e. O! 'tis the spite of hell, [_PPh_ the fiend's arch-mock]
f. He is not rolling [_PPh_ on a lewd day-bed],

(74) WS と SW に生ずる2音節複合語で WS に生ずる場合 (= (72))
a. But [_PPh_ to the next highway], and there I left him
b. [_PPh_ In my school-days], when I had lost one shaft
c. Do wound the barak, the skin [_PPh_ of our fruit-trees],
d. Was [_PPh_ our sea-fight], and what to this was sequent

(69)を支持する第二の例は，次の (75)-(77) である(例は Kiparsky (1977)より)．

(75) a.   W   S
     Why should [_NP_ my heart] [_VP_ think [_S̄_ that a several plot
        W S   W   S   W   S W S W
     ...]]   (*Sonnet*, 137. 9)

   b.   S
     [_NP_ Griefs *t*_i_] [_VP_ fills the room up] [_PP_ of my absent mind]_i_
        W   S   W S   W   S W   S W   S
                                    (*King John*, III. iv. 93)

(76) a.   W   S
     Be thou [_NP_ the tenth Muse], ten times more in worth
        W S   W   S   W   S W   S W   S
                                    (*Sonnet*, 38. 9)

   b.   W   S
     But, [_PP_ like [_NP_ a sad slave]], stay and thing of naught
        W   S   W S   W   S W   S W   S
                                    (*Sonnet*, 57. 11)

   c.   W   S
     And see [_NP_ the brave day] [_NP_ sunk in hideous night]]
        W S   W   S   W   S W   S W S
                                    (*Sonnet*, 12. 2)

d.   W   S
   Better becomes [NP the grey cheeks [PP of the east]]
          WS W S   W   S   W   S W S
                                 (*Sonnet*, 132. 16)
(77) a.   W   S
   Which [NP her cheek] melts, as scorning it should pass
          W   S   W   S W   S   W S W   S
                                 (*Venus and Adonis*, 982)
   b.   S   S
   I understand thy kisses and [S [NP thou] [VP *e* [NP mine]]]
   W S W S   W S W   S   W   S
                                 (*e* = 空所)
                                 (*1 Henry IV*, III. i. 205)
   c.   . . . Hang there like fruit, my soul,
       W   W S   S
   Till [NP the tree] [VP die]! . . .
   W   S W   S
                                 (*Cymbeline*, V. vi. 264–265)

　これらの例に共通しているのは，「詩の鋳型と実際のリズムのずれ」のほかに，「鋳型の単位と実際のリズム単位のずれ」もあることである．まず，(75) を考える．(75a) は，主語の my heart と動詞の think の部分の「ずれ」が問題となる．詩の鋳型では，[WS] が 1 つのフットで，1 つの単位を形成している．しかし，統語構造から明らかなように，my heart は動詞 think 以下全体とリズム単位をなしている．(75b) では，不変化詞 (particle) の up の部分が問題になる．この行は動詞句が，動詞，目的語，不変化詞の語順で，しかも文末の前置詞句は主語名詞句から外置されたものである．したがって詩の鋳型では，up が W の位置を，of が S の位置を，それぞれ占めて 1 つのフットに対応しているが，実際の韻律構造では，up はそれに先行する要素と，of はそれに後続する要素と，それぞれ構成素をなしており，直接の相互関係はまったくない．

次に (76) だが，構文上の境界 ((76a, b))，前置詞句の直前 ((76d))，それに長い修飾語の直前 ((76c)) で「ずれ」が生じている．いずれの場合も，詩の鋳型でWの位置をSの音節が占め，その音節を含む語は，後続する要素とではなく，それに先行する要素とリズムの単位をなしている．

最後に (77) の例を考える．(77a, c) が主語名詞句と動詞句の境界が関連する例で，(77b) が空所化 (gapping) が関連する例である．とくに後者の場合，空所化のある文の必須の機能として，その主語と目的語の対比があり，空所化がある文の主語も目的語も代名詞だが，先行する文の主語と目的語との対比があり，強勢を担う．そのため，主語の代名詞の部分で「ずれ」が生じることになる．

(75)–(77) の「詩の鋳型と実際のリズムのずれ」が生ずる統語環境にも，雑多な境界が含まれている．意味的にも，それと平行して共通性がない．ただしこの場合も，その雑多な統語環境が「ずれ」について共通の振る舞いを示すのであるから，みかけに反して，背後に何らかの共通の性質があるはずである．この場合も，統語論的にも意味論的にも共通性がないので，何らかの音韻論的共通性があることになる．

結論からいえば，(75)–(77) の場合も，(69) の一般化があてはまり，「ずれ」が生ずるのは，次の (78)–(80) に示されているように，音韻句の右端である．

(78) a. Why should [$_{PPh}$ my heart] [$_{PPh}$ think] [$_{PPh}$ that a several plot …] (= (75a))
　　 b. [$_{PPh}$ Griefs] [$_{PPh}$ fills the room] [$_{PPh}$ up] [$_{PPh}$ of my absent mind] (= (75b))
(79) a. Be thou [$_{PPh}$ the tenth Muse], ten times more in worth (= (76a))
　　 b. But, [$_{PPh}$ like a sad slave], stay and thing of naught (= (76b))
　　 c. And [$_{PPh}$ see the brave day] [$_{PPh}$ sunk in hideous night] (= (76c))

d. Better becomes [_PPh_ the grey cheeks] [_PPh_ of the east]
   (= (76d))

(80) a. Which [_PPh_ her cheek] melts, as scorning it should pass
   (= (77a))
   b. I understand thy kisses and [_PPh_ thou] [_PPh_ mine]   (= (77b))
   c. Till [_PPh_ the tree] [_PPh_ die]!   (= (77c))

(69)を支持する第三の事実は，対照強勢によって生ずる「詩の鋳型と実際のリズムのずれ」である．具体例は，次の(81)である(Hayes 1983).

(81) a. O therefore, love, be of thyself to wary
   　　　　　　　　　　　　　　　　S W
   As I, not for myself, but [_PP_ for [_NP_ thee will]]
   WS W S WS   W   S   W   S
   　　　　　　　　　　　　　　(*Sonnet*, 22. 9–10)
   b. 　　　　　　　　　　　　　　　　　S　　W
   He said mine eyes were black and [_NP_ my hair] [_VP_ *e* black]
   　W   S   W   S   W   S   W   S   W   　　S
   　　　　　　　　　　　　　　(*As You Like It*, III. v. 129)
   c. 　　　　　　　　　　　　　　S W
   Coral is far more red than [_NP_ her lips' red]
   WS WS W S   W   　　S W   S
   　　　　　　　　　　　　　　(*Sonnet*, 130. 2)
   d. 　　　　　　　　　　　　　　S W
   Did I deserve no more than [_NP_ a fool's head]?
   W S WS W S W   S   W   S
   　　　　　　　　　　　　　　(*The Merchant of Venice*, II. ix. 59)
   (Context: what kind of head is to be expected?)

(81a)では，theeに対照強勢が落ちるが，それは，前にある myself との対比のためである．(81b)は空所化構文で，hairがeyesと対比されている．(81c)は比較構文で，比較されているのは，coralの色とlipの色の「赤さ」の程度である．(81d)は，文脈上から head が予測できるので，

fool のほうが強くなる．そして，共通していることは，行末の WS の部分のリズムが SW になっていることである．

　(81) の例における「詩の鋳型と実際のリズムのずれ」が生ずる環境を，統語的な視点からみると，(81a, c, d) が NP で，(81b) が，空所化が生じている文の主語 NP と目的語 NP である．ここで，NP はそれ自体 1 つの音韻句に対応する，ということを想起していただきたい．問題となる部分は，次の (82) にあるように，すべて音韻句に対応し，しかも「鋳型と実際のリズムのずれ」が生ずるのは，音韻句の「右端」であることが共通している．

(82)　a.　As I, not for myself, but [PPh for thee will]
　　　b.　He said mine eyes were black and [PPh my hair] [PPh black]
　　　c.　Coral is far more red than [PPh her lips' red]
　　　d.　Did I deserve no more than [PPh a fool's head]?

以上の韻律構造から明らかなように，(81) の例にみられる「詩の鋳型と実際のリズムのずれ」には，(69) の一般化がそのままあてはまる．
　(69) を支持する第四の事実は，この節の最初に観察した *Sonnet 1* のなかのいくつかの詩行である．*Sonnet 1* にみられる「詩の鋳型と実際のリズムのずれ」のうち，(69) の一般化があてはまるのは，次の (83) にある 4 行である．関連する部分のリズムのずれと統語構造を示す．

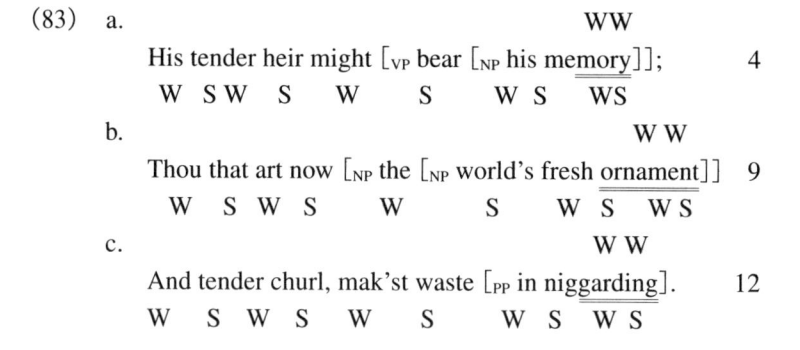

(83)　a.　　　　　　　　　　　　　　　　W W
　　　　　His tender heir might [VP bear [NP his memory]];　　4
　　　　　W　S W　S　　W　　 S　　W S　　WS
　　　b.　　　　　　　　　　　　　　　　　　W W
　　　　　Thou that art now [NP the [NP world's fresh ornament]]　9
　　　　　W　S　W　S　　W　　　　　S　　W S　WS
　　　c.　　　　　　　　　　　　　　　　W W
　　　　　And tender churl, mak'st waste [PP in niggarding].　　12
　　　　　W　S　　W　　S　　W　　 S　　W S　WS

d.　　　　　　　　W　　S
　　　To [$_{VP}$ eat [$_{NP}$ the world's due]], by the grave and thee. 14
　　　W　S　W　S　W　　　S W S W S

　　(83) では，「詩の鋳型と実際のリズムのずれ」が生じている場所が，すべて句の右端である．ここでふたたび，英語では統語的に句の資格をもつものが音韻句に対応する，という一般化を想起していただきたい．その一般化を前提とすると，(83) の例の韻律構造は，次の (84) のようになる．

　　(84)　a.　His tender heir [$_{PPh}$ might bear his memory];
　　　　　b.　Thou that art now [$_{PPh}$ the world's fresh ornament]
　　　　　c.　And tender churl, mak'st waste [$_{PPh}$ in niggarding].
　　　　　d.　[$_{PPh}$ To eat the world's due], by the grave and thee.

　　(84) で「ずれ」が生じているのは，すべて音韻句の「右端」である．この場合も，(69) の一般化が無理なくあてはまる．

　　以上，Shakespeare の詩を例にして，弱強5歩格の詩では「鋳型と実際のリズムのずれ」が生ずることを示し，その「ずれ」が生ずる場合のうち，先行研究でインターフェイスの視点から分析されていない事実を取り上げ，新しい一般化 (69) を提案した．「ずれ」のうち，Shakespeare の詩においては，音韻句の右端において「ずれ」が生ずる場合が広範にあることを，4種類の例をもとにして論証し，音韻句の右端における「ずれ」の存在は，通説に反して，Shakespeare の詩ではめずらしくないことを示した．

　　最後に，初期近代英語の詩に関連する問題の展望を述べておく．本節の最初にも述べたとおり，初期近代英詩における「鋳型と実際のリズムのずれ」については，統語構造と韻律構造のインターフェイスを重視する研究 (Kiparsky (1975, 1977), Hayes (1989) など）と，重視しない研究 (Halle and Keyser 1971a, b, 2000) がある．現時点でいずれの研究が優れているのか，即断することはできない．ただ，「ずれ」が生ずる環境が，韻律範疇により厳密に規定できることは明らかである．また，岡崎 (2000) によれば，韻律範疇を用いた分析により，Halle and Keyser (2000) が韻律

範疇を用いないで分析している Robert Frost の詩について，違う解釈が可能になる．それゆえ，韻律範疇を用いて「詩の鋳型と実際のリズムのずれ」を研究すること自体は，インターフェイス研究にとって意義のあることである．

3.4 現代英語の歌の歌詞に関連する問題

　本節では，初期近代英詩の分析の延長線上にある，現代英語の歌の歌詞の韻律を扱う．現代英語の歌の歌詞の特徴は，韻律的な特徴も含めて以前から研究されていた．しかしインターフェイスからの研究は，アメリカ東部の民謡の歌詞の韻律構造の研究である Hayes and Kaun (1996) と Hayes and MacEachern (1996, 1998) くらいで，その数は少ない．

　現代英語の民謡の歌詞の研究において，インターフェイスの視点から論点となるのは，初期近代英詩の韻律論の場合と同様に，「詩の鋳型と実際のリズムのずれ」の有無と，「ずれ」が生ずる位置の韻律範疇による規定の可能性である．これらの問題については，Hayes and Kaun (1996) が現時点におけるほとんど唯一の研究であるので，その論旨を紹介する．

　まず，大前提となるアメリカ東部の民謡の基本構造は，次の (85) である．

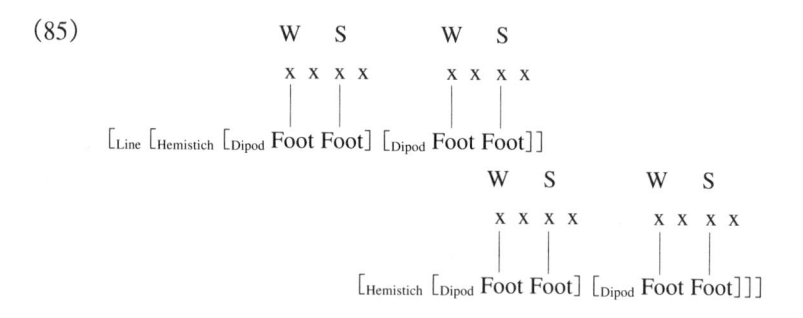

(85)　　　　　　　　　　W　S　　　W　S
　　　　　　　　　　　x x x x　　x x x x
　　　　　　　　　　　｜｜｜｜　　｜｜｜｜
　　[Line [Hemistich [Dipod Foot Foot] [Dipod Foot Foot]]
　　　　　　　　　　　　　　　W　S　　　W　S
　　　　　　　　　　　　　　　x x x x　　x x x x
　　　　　　　　　　　　　　　｜｜｜｜　　｜｜｜｜
　　　　　　　　　　[Hemistich [Dipod Foot Foot] [Dipod Foot Foot]]]

　この構造の意味するところは，次のことである．まず，韻律格子 (x) 1 つは，楽譜上では，八分音符 1 つに対応する．1 つの line (行) に韻律格子が 16 あるので，1 行は八分音符 16 個分，もしくは，四分音符 8 個分の

長さがある．また，歌詞のリズムの基本は WS であり，韻律格子 2 つが 1 つの W もしくは S に対応し，foot（脚）を形成する．この点が普通の詩と違う．さらに，詩行には階層的な構造があり，2 つの脚からなる dipod（複脚），さらに，2 つの複脚からなる hemistich（半行）がある．

　紹介すべき第一の事実は，(85) の詩の，鋳型と韻律構造の一致である．次の (86) に示されているように，半行（例文中では H と略記）は音調句に対応する．

(86)　a.　[_H With my hero,] [_H Turpin hero]
　　　　　 [_IPh With my hero,] [_IPh Turpin hero]
　　　　　　　　　　　　　　　　　　（Karpeles 1974, #244b）
　　　b.　[_H O pretty maid,] [_H will you wed?]
　　　　　 [_IPh O pretty maid,] [_IPh will you wed?]
　　　　　　　　　　　　　　　　　　（Karpeles 1974, #128b）

　(85) の鋳型と韻律構造の関係について注目すべき他の事実は，すべて「鋳型と実際のリズムのずれ」と韻律構造の関係である．その関係は，違反可能な次の 2 つの原則により規定されている．

(87)　詩の鋳型と実際のリズムは，一致しなければならない．
(88)　「詩の鋳型と実際のリズムのずれ」は，韻律単位の左端では許容されやすく，右端では許容されにくい．

　まず，次の (89)–(91) に示されているように，韻律単位の右端では，「詩の鋳型と実際のリズムのずれ」がないことが多く，(88) に従っている．

(89)　　　　W　S　W　S　W　S　W　S
　　　　　　x x　x x　x x x x　x x　x x　x x　x x
　　　　　 [_CG That　you　do　lóok]　so　wán
　　　　　　　　　W　S　　　　　　　　　（Sharp 1916, #15）

(90)　　　W　　S　　W　　S　　　W　　S　　W　　S
　　　　　x x　x x　x x　x x　　x x x x　x x　x x
　　　　[_PPh And　all　Frènch pów'rs]　he　màde　to　sháke
　　　　　　　　　　　W　　　S　　　　　(Sharp 1916, #88)
(91)　　　W　　S　　W　　S　　W　　S　　W　　S
　　　　　x x　x x　x x　x x　x x　x x　　x x　x x
　　　　[_IPh Stànd trúe], my　láds,　like　hèarts　of　óak
　　　　　　　W　　　S　　　　　　　　　　　　　　　(*ibid.*)

しかし，たびたびというわけではないが，韻律単位の右端で「鋳型と実際のリズムのずれ」が生ずることがある．

(92)　　　W　　S　　　W　　　S　　W　　　S　　W　　S
　　　　　x x　x x　　x x　　x x　x x　　x x　x x　x x
　　　　To　méet　[_CG with　our　pròud]　fóe
　　　　　　　　　　　　　　　　W　　　S　　　(Karpeles 1974, #287)
(93)　　　W　　S　　W　　　S　　W　　S　　W　　S
　　　　　x x　x x　x x　　x x　x x　x x x x　　x x
　　　　[_PPh Her　gòld　ríng]　off　her　fín　ger's　gòne
　　　　　　　　　W　　　S　　　　　　　　　　　(Sharp [n.d.], 10)
(94)　　　W　　S W　　　　　S　　W　　S　　　W　　　S
　　　　　x x　x x x　　x　x x　x x　x　　x　x　x　x x
　　　　[_IPh Còme　ròll úp], my　láds,　and　you　shall　hàve　a　príze
　　　　　　　　W　　　S　　　　　　　　　　　　　(Karpeles 1974, #413)

これら韻律単位の右端における「ずれ」の頻度にも特徴があり，韻律階層の下の単位ほど「ずれ」の頻度が高く，韻律階層の上の単位ほど「ずれ」の頻度が低い．Hayes and Kaun (1996, 275) によれば，調査した民謡全体では，韻律単位の右端での「ずれ」の平均の頻度は，次のようになる．

(95)　a.　接語群：10%強　　　b.　音韻句：3%
　　　c.　音調句：1%未満

この韻律単位ごとの「ずれ」の頻度の差が何を表すかは，明らかにされていない．しかし，いずれにしても，韻律単位の右端での「鋳型と実際のリズムのずれ」に厳しい条件が課されていることは明らかである．

次に，韻律単位の「左端」における「鋳型と実際のリズムのずれ」について紹介する．(88) の原則によれば，韻律単位の「左端」における「ずれ」は，「右端」の「ずれ」よりも許容されやすい．しかしこの原則は，アメリカ東部の民謡の歌詞のリズムについては，あてはまらない (Hayes and Kaun 1996, 276-279)．韻律単位の「左端」におけるリズムの「ずれ」の割合の平均値は，Hayes and Kaun (1996, 278) によると，次のとおりである．

(96) a. 接語群：13% 強　　b. 音韻句：12%
     c. 音調句：15% 強

音韻句と音調句においては，「ずれ」の頻度に差があるが，接語群の場合にはそれほど差がない．

以上のことから，歌の歌詞については，「詩の鋳型と実際のリズムのずれ」が存在することは確かだが，「ずれ」が生ずる位置を初期近代英詩のように，韻律範疇によって規定することはできない．しかし，「詩の鋳型と実際のリズムのずれ」が存在することは事実であるから，「ずれ」が生ずる位置を規定するためには，別の視点から事実をみる必要がある．

具体的には，統語構造から構築される韻律構造ではなく，詩の鋳型そのものの構造の「端」に注目して「詩の鋳型と実際のリズムのずれ」を観察すると，初期近代英語の詩とは，まったく違った姿が浮かびあがってくる．次に詩の鋳型を，構造の境界に番号をつけて，繰り返しあげる．

(97) $_1$[$_{Line}$ [$_{Hemistich}$ [$_{Dipod}$ Foot Foot] $_2$[$_{Dipod}$ Foot Foot]] $_3$[$_{Hemistich}$ [$_{Dipod}$ Foot Foot] $_4$[$_{Dipod}$ Foot Foot]]]

ここで，1-4 のそれぞれの場所での「詩の鋳型と実際のリズムのずれ」の割合をまとめると，次のようになる (Hayes and Kaun 1996, 283)．

(98) 1: 2%くらい   2: 6%くらい
    3: ほとんどなし 4: 90%

　この調査結果は，驚くべきものである．というのも，4において「詩の鋳型と実際のリズムのずれ」の割合が一番高いということは，行の右端における「ずれ」の割合が一番高いということを意味する．アメリカ東部の民謡の歌詞は，初期近代英詩の傾向とはまったく違う性質をもっている．
　以下，行末に近い位置での「ずれ」の実例をあげる．

(99) 　　W　S　W　S　　　W　S　W　S
　　　xx xx xx xx　　xx xx xx xx
　　　She sóon ràn through her gày clóth- ing
　　　　　　　　　　　　　　　　S　　W
　　　　　　　　　　　　　　(Sharp [n.d.], 10)

(100) 　W　S　W　　　S　W　S　W　S
　　　xx xx x x　　xx xx xx xx xx
　　　But I have been wóoed by yòung Wíl- liam
　　　　　　　　　　　　　　　　　　 S　 W
　　　　　　　　　　　　　　(Sharp 1916, #16)

　これらの例では，実際に歌われる場合，詩の鋳型どおりにWSのリズムで語強勢とずらして歌う場合と，語強勢どおりに歌う場合がある．いずれのリズムを選択するかは，歌い手に委ねられている．このような「ずれ」は，口伝の民謡だけではなく，音楽の理論を前提として作られた歌の場合にも存在する．たとえば，Foster の歌のなかにも，民謡とは違った音韻環境において「鋳型のリズムと歌詞のリズムのずれ」が存在することが，Kodaira (2001) によって指摘されている．今後，「ずれ」の頻度とその生ずる環境についての研究が待たれる．

3.5　韻律範疇構築のための理論と今後の課題

　本章では，(1) で示した韻律範疇のうち，接語群，音韻句，音調句が関連する現象のうち，英語で観察される現象を取り上げ，それらがどのよう

に韻律範疇と関連しているか，概説的ではあるが述べた．

韻律範疇に関連して，この章で扱わなかった理論的問題が2つある．そのうちの1つが，韻律構造構築の方法についての問題である．その方法には，現在大きく2つの流れがある．1つは，Selkirk (1986) の "edge-based theory" というべきもので，韻律構造は，統語構成素の端を走査 (scan) することにより構築される，というものである．もう1つは，Hayes (1989) が提案している "constituent-based theory" というべきもので，韻律構造は，統語構成素のいわば「かたまり」自体をもとにして構築される，というものである．そして，この2つの理論はそれぞれ，Inkelas and Zec, eds. (1990) において具体的な音韻現象の説明に適用され，その有用性が確認されている．

理論的な論点となるのは，いま述べた2つの理論のうち，韻律構造構築のためにはいずれの理論が優れているか，ということである．これは難しい問題である．Inkelas and Zec, eds. (1990) に含まれている論考は，現象の説明ということに焦点があるので，現象に適したいずれかの方法を採用しており，韻律構造構築の方法の是非の検討はほとんどない．もし，それらの論考の議論が妥当なものであるとすると，個別言語により韻律構造構築の方法が違う，という可能性もある．

この問題についての例外的研究に，Truckenbrodt (1999) がある．その研究は，Selkirk (1986) を基調としつつも，最適性理論 (Optimality Theory) の考え方を援用し，韻律構造構築のための制約を複数設定したうえで，その制約の間のランキングの設定を言語ごとに変えることにより，言語間の差異を説明しようとしている．ただし，Truckenbrodt (1999) には，Hayes が提案した理論に対する本格的反論は含まれていない．それゆえ，韻律構造構築の理論をいかなる形にすべきかという問題は，いぜんとして未解決のままである．

韻律構造構築について，本章で扱わなかったもう1つの問題は，韻律構造構築と意味情報の関係である．すでに，音韻句と音調句について論じたさいに指摘したように，韻律構造構築に意味情報が関与しているらしい証拠が，いくつか指摘されている．いままでの研究においては，意味情報へ

の目配りがほとんどなかった．言語現象の適切な位置づけのためにも，韻律構造構築のためには，意味情報の必要の有無を吟味してゆく必要がある．

さらに，いま述べた2つの理論的な未解決問題のほかに，詩の韻律論における韻律構造の問題がある．近代英詩の韻律論では，韻律音韻論で設定されている韻律範疇が，詩の鋳型と実際のリズムの「ずれ」を規定するさいに大きな役割を果たしている．ところが民謡の歌詞の場合には，Hayes and Kaun (1996) が論じているように，詩自体の構造が，詩の鋳型と実際のリズムの「ずれ」を規定するさいに大きな役割を果たしている．問題となるのは，近代英語の詩と民謡の詩の違いは，いかなる要因によって生ずるのかということである．両者の違いについては，Hayes and Kaun (1996) に断片的な記述があるものの，体系的な記述はない．韻律範疇よりも詩自体の構造のほうが優先されるものには，ほかに，古英語の頭韻詩がある(岡崎 2000)．古英詩と民謡の共通点は，いずれも口伝のものであり，文字化されたのがかなり後の時代になってからだという点である．口伝の詩とそうでない詩の違いが重要な役割を果たしている可能性が高いが，即断はできない．いずれにせよ，口伝か否かという問題も考慮に入れたうえで，近代英詩と民謡の歌詞の違いを考える必要がある．

第4章　機能語の強勢をめぐる問題

4.1　機能語の強勢

　「機能語」(function word)とは，伝統的には，名詞，動詞，形容詞，副詞などの「内容語」(content word)と区別するための用語で，代名詞，助動詞，前置詞，疑問詞，接続詞などの品詞に分類される語を指す呼び名である．「機能語」には，2つの顕著な音韻的特徴がある．1つは，それらの語が一部の語を除いて，通例，単音節であるという事実である．一部の語とは，over, before, any, every, because などの2音節語である．（詳しくは，Kingdon (1958), Selkirk (1984, 352–354) などを参照．）もう1つの顕著な特徴は，機能語には，強勢を付与された「強形」(strong form)と，無強勢で弱化母音シュワ ([ə]) を含む「弱形」(weak form)という2つの発音の形式があり，特別の事情がないかぎり，「弱形」で発音されることである．

　このような音韻特徴をもつ英語の機能語について，この章で問題にするのは，機能語が「弱形」で発音されない「特別の事情」とはいかなるものか，という問題である．「特別な事情」としてまず最初に思い浮かぶのは，機能語自体が，談話上の新情報もしくは焦点となっている場合である (水光 1985, 140)．

(1)　a.　Are you happy? — Yes, I AM (happy).
　　　b.　I thought he would come, and he actually HAS (come).

(1a)は，yes-no 疑問文に対する答で，疑問文にある形容詞 happy が答

に出てくるか否かに関係なく，am が強形になり，しかも文中でもっとも卓立が大きい要素になる．「肯定」という意味を強調する文脈にあるからである．(1b) は同様に，実際に彼女がやってきたということを強調する文脈のため，has がもっとも卓立が大きい要素になっている．この現象は，現代英語ではきわめて一般的で，文中で談話上どの要素が重要かということにより決定される．文の構造的な要因によって決定されるわけではない．

同様の現象は，代名詞などにもみられる．(2) に示されているように，ある特定の構文の特定の位置に生じる代名詞は，文中でもっとも卓立が大きい要素になる (水光 1985, 110)．

(2) a. It's ME.
b. The police identified the suspect as YOU.

代名詞が音調核になる原因は，文中での「役割」にある．(2) の例に共通しているのは，機能語が強形になる位置が，かならず「焦点」(focus) が生ずる位置であることである．それゆえこの現象も，構文的な要因ではなく，代名詞の談話上の機能が決定的な要因になっている．

それでは，機能語が「強形」で発音される「特別な事情」が，構造的要件により決定される場合がないのかといえば，そうではない．以下，英語の機能語が，構文的要因により「強形」で発音される事実を提示する．

機能語が構文的要因により「強形」で発音される典型的な場合は，次の (3) と (4) である．(3) が(法)助動詞の場合で，(4) が前置詞の場合であるが，(法)助動詞なり前置詞の直後の要素が，「移動」したり「省略」されたりして，機能語の直後の位置に統語的な「空所」がある ((3) は Selkirk (1972, 55)，(4a, b) は Selkirk (1984, 370) より)．

(3) a. Someday he'd like to be what you àre ___ now. （what の移動）
b. Mary will eat more at breakfast than Sarah wìll ___ at dinner. （比較構文）
(4) a. What are you thinking òf ___ last night? （what の移動）

b. This is exactly the kind of house to live ìn ___. （関係代名詞化）

　以上の事実から，機能語が構文的要件により「強形」で発音される場合には，当該の機能語の直後に統語的な「空所」（種類は問わない）が存在していることが条件の1つであることがわかる．

　機能語が，焦点とは無関係に「強形」で発音されるもう1つの場合に，「休止」の直前の位置をあげることができる．

（5）　He IS, if I may be allowed to say so, mistaken.
　　　　　　　　　　　　　　　　　　　　　（Sweet 1929, 68）
（6）　HE, however, wanted to say yes.　　（水光 1985, 110）

この場合も，「焦点」とか「強調」ということとは無関係である．

　機能語が構文的要因により「強形」で発音される場合でも，直後に「空所」や「休止」が存在しない場合もある．それは，機能語が2語以上連続している場合である．具体的には，次のような機能語の連鎖が問題となる．

（7）　a.　法助動詞＋{have / be}
　　　b.　（法）助動詞＋代名詞
　　　c.　前置詞＋代名詞

　まず(7a)の場合は，問題となる機能語の連鎖の直後に空所があるか否かで，その韻律型に違いがある．機能語の連鎖の直後に空所がない場合は，haveやbeはかならず「弱形」になり，連鎖の先頭にある法助動詞が，文の意味を変えることなく随意的に「強形」になり，強勢を付与される．具体例は，(8)–(12)である．

（8）　a.　The caucus {could have / còuld have} defeated the motion 2 to 1.　　　　　　　（Selkirk 1972, 107）
　　　b.　Do you know what time it {could be / còuld be} right now?
　　　　　　　　　　　　　　　　　　　　（Selkirk 1972, 111）

(9) a. Georgia {might be / mìght be} working at Sylvania.
　　　　　　　　　　　　　　　　　　(Selkirk 1972, 112)
　　b. Louise {may have been / mày have been} exploited herself, but she exploits her servants far more.
　　　　　　　　　　　　　　　　　　(水光 1985, 143)
(10) a. He {must have / mùst have} really annoyed you.
　　　　　　　　　　　　　　　　　　(Selkirk 1972, 107)
　　b. Doris and Helen {mùst have been / must have been} eager to leave.　　　(水光 1985, 143)
(11) a. Jane {should be / shòuld be} enjoying her job.
　　　　　　　　　　　　　　　　　　(Selkirk 1972, 107)
　　b. They {should have been / shòuld have been} gone by now.
　　　　　　　　　　　　　　　　　　(ibid.)
(12) a. They {will have / wìll have} finished.
　　　　　　　　　　　　　　　　　　(水光 1985, 142)
　　b. They {'d have / wòuld have} won their demands, given two more weeks of striking.　　(Selkirk 1972, 107)

　(7a)の連鎖の直後に「空所」がある場合には，連鎖全体の韻律型が違ってくる．次の(13)–(17)に示されているように，連鎖の先頭にある法助動詞に音調核がある場合には，連鎖の最後で空所の直前にある have や be は，「強形」でも「弱形」でもよい．また，連鎖の先頭の法助動詞に音調核がない場合には，連鎖のうち1つが「強形」になる．すなわち，法助動詞が「強形」ならば，連鎖末の助動詞は「弱形」で，法助動詞が「弱形」ならば，連鎖末の助動詞は「強形」である．連鎖に含まれる機能語がすべて「強形」であったり，すべて「弱形」であったりすることはない．

(13) a. (She can't have been there for twenty years.) Yes, she CAN {have / hàve} ＿＿.　　(Selkirk 1972, 108)
　　b. Do you know what time it {could bè / còuld be} ＿＿ right now?　　　　　(Selkirk 1972, 111)

(14) a. Did she go to jail? — She MAY {have / hàve} ___.
             (Selkirk 1972, 108)
     b. Harry might be working at GE, and who knows but Georgia {might bè / mìght be} ___ at Sylvania.
             (Selkirk 1972, 112)
(15) Has Mary come yet? — She MUSTN'T {have / hàve} ___.
             (Selkirk 1972, 108)
(16) Jane should be getting more satisfaction from her job at the garage than Helen {should bè / shòuld be} ___ from her job at Filene's.   (Selkirk 1972, 112)
(17) Who would have made a mess like that? — THEY {'d hàve / wòuld have} ___.   (Selkirk 1972, 107)

　次に，(7b) の「(法)助動詞 + 代名詞」の場合の事実を提示する．この場合は，連鎖の直前と直後の環境によって韻律型に違いがある．具体的には，問題の連鎖の直前に疑問詞があるか否か，それと，問題の連鎖の直後に空所があるか否かという，2つの場合に分けて考える必要がある．
　まず，「(法)助動詞 + 代名詞」という連鎖の直前に疑問詞がある場合を考える．この場合，連鎖の直後に空所が存在しない場合には，次の (18)，(19) に示されているように，(法)助動詞も代名詞も強勢を付与されない．いずれか一方が「強形」になっても，発音は容認不可能になる．

(18) a. Where are you living now?
     b. How will they know?   (Selkirk 1972, 150)
(19) a. What color are they using.
     b. How stupid was he acting?   (*ibid.*)

　「(法)助動詞 + 代名詞」の直前に疑問詞があり，かつ，その連鎖の直後に「空所」がある場合には，次の (20)–(21) に示されているように，(法)助動詞だけがかならず「強形」になり，場合によっては音調核となる．代名詞は，けっして「強形」になることはない (Selkirk 1972, 146).

(20) a. Where ARE you ___?   b. How IS it ___?

(21) a. How YELLOW is it ___?
　　 b. What COLOR àre they ___?

次に、「(法)助動詞＋代名詞」の連鎖の直前に疑問詞がない場合を考える．問題となる連鎖の直後に要素が存在している場合には、次の(22)に示されているように、(法)助動詞も代名詞も、ともに「弱形」で発音されることが普通である（Selkirk 1972, 150）.

(22) a. Was he upset?　　b. Will they leave?
　　 c. Is he in New York?

それに対して、「(法)助動詞＋代名詞」の連鎖の直後に「空所」がある場合には、次の(23)に示されているように、(法)助動詞が「強形」で代名詞が「弱形」という韻律型しか許容されない（Selkirk 1972, 151）.

(23) a. The films are awful on Saturday. — How àre they ___ on Saturday?
　　 b. That film was playing yesterday. — Ìs it ___ today?

最後に、(7c)の「前置詞＋代名詞」の連鎖について考える．この場合は、問題となる連鎖の文中の位置に関係なく、意味を変えることなく、2つの韻律型が可能である．すなわち、次の(24)–(27)に示されているように、前置詞か代名詞のいずれかが強形になる（Selkirk 1972, 130–131）.

(24) Mary will give the documents {tò you / to yòu}.
(25) She has worked {fòr him / for hìm} for ten years.
(26) Did he ask for something {fròm you / from yòu}?
(27) She will be going {wìth her / with hèr}.

しかし次の例が示すように、前置詞と代名詞の連鎖がある場合に、複数の韻律型が許されることは事実だとしても、前置詞だけが強形になる発音と、前置詞も代名詞もともに弱形になる発音の、2つの発音が許容される例もある．それらの例では、代名詞が強形で発音されることはない（水光 1985, 127）.

(28) We LOOKED {fòr / for} them.
(29) Ron and Harry LOOKED {àt / at} him.
(30) That's the END {òf / of} it.
(31) GIVE it {tò / to} me.

4.2 先行研究

前節で提示した事実のうち，2つ以上の機能語が連続した場合に文の意味を変えずに生じる，いわば「随意的な強形」が，先行研究においてどのように分析されてきたかを概観する．

機能語が2つ以上連続した場合に生じる「随意的な強形」については，大きく分けて3つの分析が提案されてきた．1つは，Selkirk (1972) が提案する接語化 (cliticization) の分析である．接語化とは，ある語が隣接する語の一部になってしまう統語的過程で，一般的に示せば，$[_X A] [_Y B]$ から，$[_X A [_Y B]]$ もしくは $[_Y [_X A] B]$ という形が生成される．$[_X A [_Y B]]$ が生成される過程を前接語化 (encliticization)，$[_Y [_X A] B]$ が生成される過程を後接語化 (procliticization)，とそれぞれ呼ぶ．Selkirk (1972) の分析は，前接語化を仮定しており，その骨子は次のとおりである．

(32) 単音節機能語は，もともと強形で，弱化して，弱形になる．
(33) 単音節機能語が2つ以上連続して生じている場合に，最初の機能語が随意的に強形になるのは，前接語化規則が適用され，2番目の機能語が接語となり，弱化した場合である．

Selkirk が提案する接語化規則は，3種類ある．それは，have や be を法助動詞に随意的に接語化する規則，代名詞を(法)助動詞に義務的に接語化する規則，それと，代名詞を前置詞に随意的に接語化する規則の3つである．

具体例として，次の例の韻律型を考えてみよう．

(34) He {must have / mùst have} really annoyed you.　(= (10a))
(35) That film was playing yesterday. — Ìs it ___ today?　(= (23b))
(36) Mary will give the documents {tò you / to yòu}.　(= (24))

これらの例で，最初の機能語が「強形」で発音される場合には，随意的な前接語化規則が適用され，一般的に示せば，[x A [y B]] という連鎖が形成され，みかけは 2 つの機能語の連鎖であるにもかかわらず，2 音節語と同じ資格をもつことになる．それにともない，第 2 音節が弱化すると分析される．(36) のように，連鎖の 2 番目の機能語が「強形」になるのは，その機能語が文末にある場合か，「空所」の直前にある場合である．

この分析方法は，Selkirk (1984) でも踏襲されている．ただし Selkirk (1984) では，次にあげる言語事実は接語化規則ではなく，純粋な音韻現象である，と分析されている点が違う (Selkirk 1984, 362–363)．

(37)　{Càn / Can} you tell me the way to the station?
(38)　Jáne {?was for the / was fòr the} Dódgers.

(37) では，法助動詞 can が「強形」か否かが問題であり，(38) では，前置詞 for が「強形」か否かが問題となる．いずれの場合も，Selkirk (1972) の接語化規則の目録には入っておらず，接語化規則では説明できない．

文末や「空所」の直前以外の位置に出現する機能語の「強形」についてのもう 1 つの分析は，「強形」の出現を純粋な音韻現象であるとみなす Suiko (1977, 1979) の分析である．この分析の骨子は，次のようなものである．

(39)　機能語は，もともと無強勢で，強勢付与規則 (stressing rule) により強勢を担う．

Suiko (1977) が提案する強勢付与規則は，2 つある．1 つは，2 つの機能語が連続した場合に最初の機能語に随意的強勢を付与する規則で，もう 1 つは，文末や「空所」の直前で，助動詞と前置詞に強勢を付与する規則である．

(34)–(36) を例にしてふたたび考える．(34) では，機能語が 2 つ連続しており，最初の機能語である must に随意的に強勢が付与される．(35) では，連鎖の直後に統語的な「空所」があり，最初の機能語である助動詞の is に，強勢が義務的に付与される．(36) では，前置詞と代名詞の連鎖

が文末にあり，前置詞が連鎖の最初にあるので，前置詞に随意的に強勢が付与される．ただし，代名詞が「強形」になる韻律型は，この分析では直接説明できない．

最後に述べた問題点が生ずるにせよ，Suiko の分析は，Selkirk などの分析に対する代案として，もう少し検討すべきものである．

4.3　先行研究の問題点と今後の展望

機能語の「強形」と「弱形」の問題については，インターフェイスという視点を明確に意識した論考はほとんどない．先行研究のうちインターフェイスという視点が明確なのは，Selkirk (1972) と，それを理論の進展にあわせて発展させた Selkirk (1984) くらいである．さらに，未解決の問題もある．

未解決の問題としては，まず，「強形」と「弱形」の分布が，韻律範疇によって規定できるか否かという問題がある．もし，韻律範疇により「強形」と「弱形」の分布を説明するならば，「2つの機能語が同じ音韻句にあれば，最初の機能語が『強形』になってよい」という一般化が可能かもしれない．しかし，今後の検討が必要である．

もう1つの未解決問題は，機能語の連鎖において，なぜ特定の語だけが「強形」になるのかという問題である．つまり，法助動詞と have / be の連鎖では，直後に「空所」がない場合，法助動詞だけが「強形」になり，have / be は「弱形」のままである．また，(法)助動詞と代名詞の連鎖で，空所がなければ2つとも「弱形」だが，直後に「空所」があると，(法)助動詞のみが「強形」になる．そこで，なぜ(法)助動詞だけが「強形」になってよいのか，という問題が生じる．

この問題は，機能語の意味の研究が土台になるが，今後子細に検討してゆくべきである．大まかな見通しとしては，代名詞の意味内容がもっとも「希薄」であり，法助動詞の意味内容がもっとも「豊か」である，ということになると考えられる．

第5章　縮約をめぐる問題

　この章では，「縮約」を取り上げる．「縮約」とは，単音節の機能語のある分節音が脱落し，直前の語と融合する現象を指す．現代英語の場合には，「助動詞縮約」（Auxiliary Reduction），「to 縮約」（*To* Contraction），それと否定辞 not の縮約がある．この章では，それらのうち，「助動詞縮約」と「to 縮約」が，統語情報や意味情報により，どのように規制されているかを考察する．

5.1　助動詞縮約

5.1.1　現象詳述

　「助動詞縮約」とは，助動詞の is, are, have, has, had, will, would が，直前の語と融合する現象を指す．助動詞 is, are の場合は，語頭の母音が脱落し，have, has, had, will, would などの場合は，語頭の子音と母音の両方が脱落する．この現象の典型例が，(1) である（Kaisse 1985, 40）．

(1) a. Jack's a doctor.　(is)
　　 b. Jack's been studying anatomy.　(has)
　　 c. He'd better not miss it.　(had)
　　 d. I'd be disappointed.　(would)

　「助動詞縮約」という現象は，対象となる助動詞が存在すれば常に可能かといえば，そうではない．「助動詞縮約」が可能か否かは，文の統語情報と意味情報によって規制されている．「助動詞縮約」に課される統語的制約のうち最初のものは，統語的な「空所」に関係するものである．(2)

に示されているように，統語的な「空所」の直前では，その空所の種類に関係なく，助動詞の縮約は許されない (Kaisse 1985, 41)．

（ 2 ）　a.　I wonder where the party {is / *'s} ___ tonight.
　　　　b.　You are leaving and he {is / *'s} ___ too.

また，(3), (4) に示されているように，助動詞の左隣に統語的な「空所」がある場合には，縮約が可能だが，左隣に「空所」がなく，主語名詞に主格の関係代名詞節が後続している場合には，縮約は不可能である (Kaisse 1985, 44)．

（ 3 ）　a.　The man you met ___'s just arrivved.　(has)
　　　　b.　The man you met ___'s making an awful fuss.　(is)
（ 4 ）　a.　*The people who cry've been there.　(have)
　　　　b.　*The people who cry'll be there.　(will)

「助動詞縮約」に課される第三の統語的制約は，主語名詞句が等位構造をなしている場合には縮約が不可能なことである (Kaisse 1985, 45)．

（ 5 ）　*John and I've got it.　(cf. I've got it.)

「助動詞縮約」に課される第四の制約は，助動詞の直前にある要素の統語範疇に課される制約である．(6)–(10) に示されているように，助動詞に先行する要素が名詞句以外の場合には，助動詞の縮約は許されない (Kaisse 1985, 46–52)．

（ 6 ）　a.　Speaking tonight {is / *'s / has been / *'s been} our star reporter.
　　　　b.　Looking on {is / *'s} the first striking quaterback.
（ 7 ）　a.　More important {is / *'s / has been / *'s been} her insistence on honesty.
　　　　b.　Equally difficult {is / *'s / has been / *'s been} the solution of Fermat's last theorem.
（ 8 ）　a.　Under this slab {is / *'s / has been / *'s been } buried Joan

　　　　　of Arc.
　　　b.　On the wall {is / *'s / has been / *'s been} hanging a particularly ugly picture.
(9)　a.　No way {has / *'s} he been happy there!
　　　b.　Not for a minute {is / *'s} he gonna believe that!
(10)　a.　Not even in New York {is / *'s} Jack considered easy-going.
　　　b.　Only at night {is / *'s} possible to get KUOW on my radio.

ただし，みかけは名詞句でなくても，名詞句の資格をもつ要素であれば，「助動詞縮約」は可能である．(11)では，文頭の speaking tonight は動名詞であり，名詞句としての資格があり，縮約が可能となる（水光 1985, 164）．

(11)　Speaking tonight's been bothering to me.

「助動詞縮約」に課される第五の制約は，助動詞の直前が疑問詞の場合に関するものである．(12)に示されているように，助動詞の直前に疑問詞が単独である場合には，その疑問詞の品詞に関係なく，助動詞の縮約が可能である（Kaisse 1985, 53）．

(12)　a.　What's that?　　b.　When's dinner?
　　　c.　How's your old man?

それに対して，助動詞に先行する疑問詞要素の構造が複雑で，しかも副詞的である場合には，(13)に示されているように，助動詞の縮約は許されない．また，(14)に示されているように，疑問詞要素が名詞節で，しかも「疑問詞＋名詞」という構造の場合に助動詞の縮約が生ずると，語用論的に容認度が下がる（Kaisse 1985, 52–53）．

(13)　a.　How likely {is/*'s} it to rain?
　　　b.　On which day {is/*'s} John leaving?
(14)　a.　%Which dog's he buying?
　　　b.　%Whose food's the dog eating?

「助動詞縮約」に課される統語的制約のうち、この節で扱う最後のものは、助動詞と主語名詞句の相性の問題である。縮約可能な助動詞のうち、have と will は、(15) に示されているように、代名詞もしくは疑問詞と融合できるが、完全な名詞句（full NP）とは融合できない。これは、個別の助動詞ごとの「個性」である（Kaisse 1985, 55）。

(15) a. They've gone.　　　b. Who'll be upset?
　　　c. *Lou'll be upset.　　d. *The Sioux've gone.

次に、「助動詞縮約」に課される意味的制約について考える。問題となるのは、統語的な「空所」を超えて縮約が起こる場合に、「空所」の直後にある述語の意味特性の役割である。(16) に示されているように、通常、助動詞の左隣に統語的な「空所」がある場合には、助動詞縮約は許容される。注目すべきは、's (is) の直後にある述語は、主語の一時的な状態を示す（と話者がみなしている）「場面レベル述語」（stage-level predicate）であるという事実である（Barss 1996, 691）。

(16) a. Who do you think ___'s outside?
　　　b. Who do you say ___'s coming to the party?

助動詞の直後にある述部が、主語の永続的な特徴を示している（と話者がみなしている）「個体レベル述語」（individual-level predicate）であるならば、(17) に示されているように、助動詞の縮約が生じると容認度がいちじるしく下がる（Barss 1996, 691）。

(17) a. ?*Who do you think ___'s altruistic?
　　　b. ?*Who do you think ___'s moral?

主語の一時的状態を示すか否かということは、直観的には、明らかに意味情報である。その意味情報が統語構造に反映されるか否かは別として、「助動詞縮約」に、意味情報により規制されている側面があることは否定できない。

最後に、「助動詞縮約」に課される音韻的な条件についてみてゆく。こ

こで提示する音韻的条件とは，文の韻律に関するものである．(18)–(23)の各々の最小対立により示されているように，助動詞の直前の要素が文中でもっとも強い場合には，助動詞の縮約が不可能になる(水光 (1985, 162–163) より．もとは Sells (1983))．

(18) Well, {HOW often's / *how OFTEN's} this gonna happen?
(19) {WHICH coast's / *Which COAST's} most easily reached?
(20) That Tabby {CAUGHT the rat's / *caught the RAT's} obvious; that he ate it isn't.
(21) The man that I've been {WANTING to meet's / *wanting to MEET's} here.
(22) Typing the book's the hardest PART. / *No, typing the BOOK's the hardest part.
(23) {NO one smoking a pipe's / *No one smoking a PIPE's} allowed in this room.

また上の例とは反対に，通常，縮約が不可能であるにもかかわらず，音調核の位置により縮約が可能になる場合もある．主語名詞句以外の要素が助動詞の直前にある場合には，縮約が生ずると，通常，容認されない((6)–(10))．ところが，(24) と (25) に示されているように，助動詞の左隣が主語名詞句でなくても，その名詞句以外の要素が音調核になると，縮約が生じても容認度が上がる(水光 (1985, 164) より．もとは Sells (1983))．

(24) *More important's her insistence on beauty.
(25) ?MORE important's her insistence on beauty.

以上，水光 (1985) で指摘されている，「助動詞縮約」に課される韻律上の制約を 2 種類提示した．文の韻律型は，後に述べるように(第 6 章)，最終的には意味を反映した現象である．いま提示した事実も，純粋に音韻論的な制約ではなく，意味的な制約でもあると考えてさしつかえない．

5.1.2 先行研究

現代英語に「助動詞縮約」という現象が存在することは，古くから知られていたが，本格的に言語学の分析対象になり始めたのは，1970年代になってからである．「助動詞縮約」自体は発音上の問題だが，その生起する環境が統語構造により規制されていることが明らかになったからである．

1970年代以降の代表的な先行研究として，Zwicky（1970），Selkirk（1972, 1984），Zagona（1982），Kaisse（1983, 1985）などがある．これらの研究は，「助動詞縮約」は純粋にリズムの要因によって生ずると主張している Selkirk（1984）を除いて，「助動詞縮約」を規制している統語条件の解明と事実の発掘に主眼があった．具体的には，(i)「助動詞縮約」が生ずる環境を，統語構造から直接規定できるか否か，(ii) 統語的な「空所」の種類によって「助動詞縮約」の可否が決定されるか否か，という2つの論点に議論が集中していた．そのため，「助動詞縮約」の実態の解明や，「助動詞縮約」に課される意味条件や音韻条件については，ほとんど研究がないのが実状である．意味条件については，Barss（1996）がほとんど唯一の研究であり，韻律条件については，水光（1985）に引用されている Sells（1983）が，ほとんど唯一の研究である．

5.1.3 現象の性質と扱う範囲についての問題点の整理

前節で述べたような「助動詞縮約」の研究の現状を前提にすると，次のような課題がある．

(26) a. 「助動詞縮約」とは，いかなる性質の現象なのか．
b. 助動詞の縮約形は，いかなる音韻的過程を経て生成されるのか．

これらの課題を全般的に扱った研究は，いまだない．第3章で述べた「韻律範疇」が関与しているか否かも，まったく不明である．それゆえ，「助動詞縮約」という，一見すると英語のなかでも周辺的ではあるが，理論的に重要な意味合いをもつ現象の真の姿を明らかにするためには，既成

概念に促われない総体的な視点からの事実観察と分析が必要である.

5.2 To 縮約

5.2.1 現象詳述

「to 縮約」とは，不定詞マーカーの to が，直前の語と融合してしまう現象を指す．具体的には，次の (27) に示されているような組み合わせがある.

(27)   a.   want to → wanna   b.   going to → gonna
    c.   have to → hafta   d.   used to → usta
    e.   got to → gotta   f.   ought to → oughta
    g.   be supposed to → be suposta

(27) にある例のなかでも代表的な wanna の例を中心にして，to 縮約に課される制約のうち，インターフェイスの視点からみて重要と思われるものを列挙してゆく．まず，一番基本的な例は (28) である．動詞 want と不定詞マーカーの to の連鎖があると，wanna という形が生じてもよい.

(28)   I {want to / wanna} look at the chickens.

しかし，表面的に want と不定詞マーカーの to の連鎖があれば，常に to の縮約が可能かといえば，そうではない．(29) に示されているように，want と to の間に統語的な「空所」が存在する場合には，縮約が不可能である.

(29)   a.   *Who do you wanna look at the chickens?
     (Who do you want ___ to look at the chickens?)   (疑問文形成)
   b.   *Name the person that you wanna look at the chickens.
     (Name the person that you want ___ to look at the chickens.)   (関係詞節形成)
   c.   *It's you that I wanna look at the chickens.
     (It's you that I want ___ to look at the chickens.)   (分裂文

(cleft sentence) 形成)
    d. *Him, I wanna look at the chickens.
      (Him, I want ___ to look at the chickens.) (話題化により生じた空所)

　もう一歩踏み込んで述べれば，「to 縮約」の場合は，「助動詞縮約」の場合とは違い，to の直前に「wh 要素の移動」により生じた空所がある場合には，縮約が不可能になる．(29b–d) の空所は，みかけは wh 要素の移動によって生じた空所ではないが，wh 要素の移動によって生じた空所と同じ性質をもっている．

　「to 縮約」に課される第二の制約は，to の左隣の語の資格に関するものである．(30)–(33) に示されているように，分節音の条件が合えば，かならず縮約が起こるわけではない (Postal and Pullum 1978, 2)．

(30) You are {thought to / *thoughta} be a secret agent. (*cf.* oughta)
(31) I am {wont to / *wonna} play the bagpipes. (*cf.* wanna)
(32) The beast {refused to / *refusta} provide amusement for the masses. (*cf.* usta)
(33) He {proposed to / *proposta} go out for a walk. (*cf.* be suposta)

　なぜ，分節音の条件が整っただけでは縮約が不可能なのか，縮約可能な場合の特徴を考える必要がある．縮約が可能な例に共通する特徴は，to の左隣の語がもともと助動詞であるか，もしくは，to とともに意味的に助動詞要素を形成していることである．ought はそれ自体，助動詞としての資格をもつ．want は本動詞に分類されているが，意味的には「助動詞的」である．used to と supposed to の場合には，統語的には構成素をなさないが，意味的に「助動詞要素」を形成し，意味的構成素を形成している．「近い未来」を意味する be going to が be gonna になることと，must と同義の have to が hafta になる場合も同様である．それに対して，縮約が不可能な (30)–(33) では，to の左隣の語が助動詞であることもなく，to とともに意味的には助動詞要素を形成することもない．

　「to 縮約」に課される第三の制約は，構文的なもので，want と to の文

法関係に関するものである．動詞 want と to の間に wh 移動により生じた空所がない場合でも，to の縮約が阻止される場合がある．その具体例が，(34)–(38) である (Postal and Pullum 1982, 125–126)．

(34) It seems like to {?*want to / *wanna} regret that one does not have.
(35) I don't want anyone who continue to {want to / *wanna} stop wanting.
(36) One must {want (in order) to / *wanna} become an effective overconsumer.
(37) I {want to / *wanna} dance and to sing.
(38) I don't need or {want to / *wanna} hear about it.

(34)–(36) は，want と後続する to 不定詞の節が，構文的にも意味的にも単位を形成していない場合である．動詞 want の直後に，大きな構文的な切れ目がある．(37) は，want の補部の to 不定詞が等位構造になっている場合で，表面的な隣接関係だけをもとにして，最初の to の縮約は不可能である．want が，等位構造全体を補部にしているからである．(38) は動詞が 2 つで，共通の to 不定詞を補部にとっている場合である．この場合は，等位接続詞で結ばれている動詞のうち 1 つだけが，表面的な隣接関係のみで，to と融合してはいけないことが示されている．

「to 縮約」に課される第四の制約は，やはり構文的なものである．具体例が (39)–(42) で，want と不定詞マーカーの間に直接文法関係が存在しない場合には，縮約が不可能であることを示している ((40) は Postal and Pullum (1978, 18) より，その他は Postal and Pullum (1982, 131) より)．

(39) I {want, to / *wanna,} be precise, a yellow, four-door De Ville convertible.
(40) First let us {suppose, to / *supposta,} maximize the integration quotient, that the woof factor is equal to three times the torsion on the sprocket gate flange.

(41) I {want to / *wanna} present themselves in my office all those students whose grade for Grammar 103 was lower than A+.

(42) I don't {want to / *wanna} flagellate oneself in public to become standard practice in this monastery.

(39)の to be precise は，副詞的機能をもつ挿入表現であり，want と直接の関係はない．(40)の to maximize the integration quotient も同様で，動詞の suppose とは，直接の文法関係はない．(41)の to present themselves in my office は，want の補部には違いないが，この場合は want と to の間に，目的語である all those students whose grade for Grammar 103 was lower than A+ が外置されたあとに残った，「空所」が存在している．(42)の to flagellate oneself in public は，want の不定詞補部ではなく，不定詞補部の直前にある目的語である．

「to 縮約」に課される第五の制約は，to 自体に関するものである．不定詞マーカーの to と発音が同じである前置詞の to や数詞の two は，直前の要素と融合することはできない．具体例が次の (43)–(47) である．(43)–(45) が前置詞の to で，(46)–(47) が数詞の two である（Postal and Pullum 1978, 17–18）．

(43) They {want, to / *wanna,} all intents and purposes, to destroy us.

(44) I'm {going to / *gonna} the meeting of the United Ornithologists of Great Britain.

(45) I {have to / *hafta} the present day avoided eating the flesh of such creatures.

(46) I don't even {want two / *wanna} copies of *The Joy of Cooking*.

(47) I don't just {want two / *wanna}, I need two.

5.2.2 先行研究

「to 縮約」という現象の存在自体は古くから知られていたが，言語学的に関心がもたれるようになったのは，やはり 1970 年代以降である．「to 縮約」が生ずる環境が，構文的な条件や意味的な条件により規定されること

が明らかになり，構文上の「空所」との関連が論点となったためである．

先行研究には，大きく4つの流れがある．1つは統語論との接点を意識した研究で，Selkirk (1972, 1984) がこれにあたる．Selkirk (1972, 121) は，to が直前の要素に接語化していると提案する．want の場合であれば，[want [to V...]] という構造が，[[want to] V...] という構造に変化し，to が want の一部になってしまうため，wanna という形式が派生される．

「to 縮約」に関する第二の流れは，統語理論に基盤をおいた Chomsky とその支持者たちの考えで，want + to が wanna になるという形態規則を設定している．この流れでは，構文上の複数の種類の「空所」の証拠として「to 縮約」を利用しており，現象自体の性質の探求には興味を示さない．

「to 縮約」に関する第三の流れは，Postal と Pullum の一連の論考 (Postal and Pullum 1978, 1982) である．この流れでは，「to 縮約」の生ずる環境は「空所」の分布という視点からは説明できない，ということを論証することに重点がおかれている．それゆえ，「to 縮約」自体の性質についてはあまり興味を示さない．

「to 縮約」という現象自体の性質をまじめに考えている論考は，先行研究のなかでは実に少なく，Suiko (1978)，Bolinger (1981)，それに Pullum (1997) くらいしかない．Suiko (1978) は，Selkirk などの接語化の分析を批判し，代案として純粋な音韻論的分析を提示した論考である．この分析によれば，wanna は，want to という連鎖から，want の語末の /t/ の削除(削除される環境は /n/ の直後で語末)，to の語頭の /t/ の削除(削除される環境は /n/ の直後)，そして母音の弱化規則という過程を経て派生されると分析している．しかも，2種類の /t/ 削除規則には，それぞれ，wanna の派生以外の独立の動機づけが存在している．この分析は，「to 縮約」の音韻論的側面についての，ほとんど唯一のまとまった論考である．しかし，前節で提示した「to 縮約」に課される構文的な制約を説明できる道具立てがない．

Bolinger (1981) は，「to 縮約」の容認性が，理論的視点からの論考に

おいて述べられているほど，はっきりしたものではないことを示している．前節で示した構文的な制約があるにせよ，不可能に思われるような環境においても，可能な場合があることが示されている．

Pullum (1997) は，「to 縮約」に関する現時点における最新の論考で，縮約形は派生によって生じたものではなく，to の直前にある動詞そのものが「活用」したものである，という主張をしている．たとえば，wanna という形式は，want という動詞の「活用形」の一種であり，「活用」により下位範疇化 (subcategorization) の枠組みも変化するとする．すなわち，want という動詞は，その補部に to 不定詞をとるが，活用により wanna という形式ができると，裸不定詞を補部にとるようになる．他の例についても同様である．

以上，「to 縮約」に関する先行研究の大きな流れを概観したが，インターフェイスという視点からの包括的な研究は，まったくといってよいほどないことが明らかになった．

5.2.3　現象の性質と扱う範囲についての問題点の整理

「to 縮約」については，もう 1 つの問題が残されている．その問題とは，「to 縮約」を扱う場合に分析対象とする現象の，範囲の問題である．具体的には，次の (48)–(53) の事実を「to 縮約」と同じ現象とみなすか否か，という問題がある．

まず，(48)–(50) の例だが，不定詞マーカーの to の語頭の /t/ が削除され，結果的に，wanna の場合と同じように，taken'a, certain'a, happen'a という形が派生されている．不定詞マーカーの直前の動詞は，統語論からの視点の分析のリストにはないものである．結果的に生じた形は「to 縮約」の場合と同じで，/n/ の直後の /t/ の削除により派生される（Suiko (1978) より．もとは Emonds (1977, 240–241) より）．

(48)　They are {taken to / taken'a} see a doctor.
(49)　Wilson is {certain to / certain'a} take this hard.
(50)　We just {happen to / happen'a} write on lots of unrelated topics.

次に，(51)–(53) を考える．これらの例も，統語分析における縮約が生ずる語彙のリストにはないものだが，/n/ の直後にある /t/ が削除され，wanna に似た形が派生される (Suiko 1978, 307)．

(51) a. I {plan to / plan'a} go there alone.
　　 b. I {mean to / mean'a} go there alone.
　　 c. He's {prone to / prone'a} jump to hasty conclusions.
　　 d. My boys are all very {keen to / keen'a} have bikes like everybody else.
(52) But you have {gone to / gone'a} the new school.
(53) a. She is an impossible {woman to / woman'a} live with.
　　 b. It isn't much {fun to / fun'a} be a teacher.
　　 c. I need a {pen to / pen'a} write with.

(51) では，一般に考えられているよりも広範囲の不定詞補部の to が，先行する動詞もしくは形容詞と融合することが示されている．(52) では，前置詞の to の語頭の /t/ が削除されることによって，gone'a という形が派生されている．(53) では，動詞や形容詞の補部ではない不定詞マーカーの to も先行する語と融合して，結果的に「to 縮約」と同じ形が派生される．

Emonds (1977) と Suiko (1978) は，以上の事実を「to 縮約」と同一の現象だとみなしている．しかし Pullum (1997) は，とくに happen'a を例にして，happen to と同義の happen'a が生ずるのは「速い発話」の場合に限られるので，「to 縮約」とは別個の現象とみなすべきである，と主張している．

たしかに，Suiko が提示している例の多くが，実際の発話を記録したコーパスからのものであり，「速い発話」のみで生ずる現象が含まれている可能性は強い．しかし，Suiko が提示している事実に，「to 縮約」と同じ音韻過程が関与していることも確かである．

ここで，上記の問題を先行研究とは別の，意味論的視点から考えてみよう．「to 縮約」が可能な例では，to とそれに先行する要素が助動詞的意味

単位を形成しているのに対して，縮約が不可能な例では，to とそれに先行する要素が意味単位を形成していない，という特徴があることを 5.2.1 節で指摘した．ある要素と to が助動詞的な意味単位を形成して，特定の機能を担っている場合に「to 縮約」が可能であるということを，もう一歩掘り下げて考えてみると，縮約が生ずる典型的な場合には，ある種の「文法化」（grammaticalization）が起こっていると言える．

　縮約が可能な典型例の場合にみられる，この「文法化」という意味論的過程が，Suiko (1978) が「to 縮約」と同種の音韻現象であるとして提示している事実にあてはまるかといえば，あてはまらない．目的を表す to 不定詞と先行する語が音韻的に融合しているとしても，特定の意味論的機能を担うようになるわけではないので，「文法化」が生じているとは考えられない．また，to 不定詞を補部にとる plan や mean などの場合でさえも，「文法化」が起こっているとは考えにくい．もしこの議論が正しいとすると，Suiko (1978) が自らの分析を支持する証拠として提示している例は，音韻過程が同一のものであるからといって，「to 縮約」と同一の現象とみなすことはできない可能性が強い．もしそれらの例が，「to 縮約」と同一の現象であるとみなすことができるのであれば，現代英語のそれらの語彙において，いまだ一般化していないが，「文法化」が始まっているということが言えることになる．しかし，その可能性は，いまだ低い．ただし，綿密な調査が必要である．

　「文法化」という視点から「to 縮約」を眺めてみると，結果的に，Pullum (1997) の，「to 縮約」が起こると動詞の下位範疇化の枠組みが変化するという分析と，同じ主張をしていることになる．同時に，Pullum の分析を意味論的視点から支持する結果になっている．

　以上のように，「to 縮約」という現象の実態の解明には，議論すべき要素がいまだに多くあることが明らかになった．「to 縮約」という名称でまとめられる現象の範囲を，総合的に画定する作業をやり直さなければならないことだけは確かである．

第6章　文アクセントをめぐる問題

　最後に，文アクセントの現象をもとに，意味論と音韻論のインターフェイスの問題を考える．文アクセントの問題は，いままでみてきた現象と性質を異にする．文アクセントの分布の決定には，文の統語構造や文中の要素の意味特性のほかに，談話の流れや話者の「感情」という，言語外の要因も関与している．しかも文アクセントの現象においては，言語的な要因と言語外の要因が渾然一体となっているため，多様な要因を区別するのは，他の言語現象以上に難しい．

　本章では，言語的要因が軸になる「興味のアクセント」（Accent of Interest）（Bolinger (1986) 参照）の事実のうち，意味論と音韻論のインターフェイスという視点から分析できる現象を提示する．その後に，言語外の要因が軸になる「力のアクセント」（Accent of Power）（Bolinger (1986) 参照）の現象を提示し，文法の部門間のインターフェイスの研究の枠を越えるが，文アクセントの分布と感情の接点を考える．そして，現象を検討すると同時に，文アクセントの先行研究の吟味と今後の展望を提示する．

6.1 「興味のアクセント」

6.1.1 現象詳述

　「興味のアクセント」とは Bolinger (1986) の用語で，「話者が興味の対象としている要素」がアクセントを担う，という考えに基づいた概念である．「興味のアクセント」という言葉でまとめられる事実には，さまざまなものがある．Bolinger (1986, 89–136) は，話者の「興味」によりアクセントを付与されるものと付与されないものの，詳細なリストを提示

している．まず，「興味のアクセント」の第一の原則として，次のリストをあげている．

(1) 文アクセントを付与される要素：述部に関係するもの
   a. 時制 (tense): He used to sell those products regularly, didn't he? — He SELLS them.
   b. 様態 (mode): So you insist that he sell those products, eh? — No, I insist that he SELLS them. He does it already. There's no need to require him to.
   c. 語彙的意味 (lexical meaning): Why doesn't he buy those products any more? — Because now he SELLS them. （buyとsellの対比）
   d. 行為 (activity): How come I can't buy those products in his store? — Because he rarely SELLS them. Now he handles a competing line.
   e. 現実性 (actuality): Why doesn't he sell those products any more? — He SELLS them! What ever gave you the idea that he had stopped?

上の例では，動詞sellsに文アクセントが付与されているが，それぞれの例で疑問文の焦点が違うために，アクセントを付与される理由が違う．

「興味のアクセント」のもう1つの原則は，名詞句に関するものである．それは，名詞句が，他の要素よりも話者の「興味」を引きつけやすい傾向があるということである．具体例が (2) である (Bolinger 1986, 105)．

(2) A: Why are you in such a hurry?
    B: My MOTHER {'s coming / 's visiting us today / 's just phoned}.

上の例では，comeとvisitの場合が，「お母さんがくるので」という意味で，phoneの場合が，「お母さんから電話がかかってきたので」という意味である．これらの例のように，文全体が新情報の文脈で，動詞や形容詞よりも名詞がアクセントを担うのは，あくまで傾向性の問題で，必然的に

そうなるわけではない．（この問題については，Bing (1979) も参照．）

(1), (2)とは逆に，文アクセントを付与されない要素の具体例は，次のようなものである．

- (3) a. 文脈中に含意されているもの：Why are you so resentful of him? — Because he FIGHTS against me.
  b. 偏在しているもの：When will it happen? — About an HOUR from now.
  c. 話者と聞き手の間で共有されているもの：Hi, George. I HEARD you were going to be around a couple of days. WELcome BACK!
  d. 近くにある「焦点」の陰にかくれてしまうもの：Look at Sandy! Her PAWS are even dry!（paw に対する驚き）
  e. 話者がアクセントを付与しないことを選択したもの：What's Larry been doing lately? — Just GAMBLING every nickel he could lay his hand on, that's all.

(3)では，それぞれの例に明示されている理由により，縮小文字で示されている部分にアクセントが付与されることはない．

本節では，上であげた「興味のアクセント」の実例を，Bolinger の視点からそのまま扱うことはしない．そのかわりに，「興味のアクセント」に分類される事実のうち，意味論と音韻論のインターフェイスという，Bolinger にはない視点から重要であると考えられる例を提示し，意味論と音韻論のインターフェイスを捉えるための土台を示すことにしたい．

音韻論と意味論のインターフェイスという視点から注目すべき第一の事実は，名詞句の文アクセントに関連する事実である．名詞句のうち，目的語の名詞句は，先行する動詞とともに談話上の新情報の領域を形成し，話者が興奮したり落ち込んだりしていない場合には，(4)–(8)に示されているように，文アクセントを担い，文中でもっとも卓立が大きい要素になる．

(4) What is Mr. Arnold doing? — {Caning a STUDENT / *CAN-

ING a student}, I guess.
(5) What did Mr. Arnold do? — He {caned a STUDENT / *CANED a student}.
(6) What is Mr. Arnold doing? — {Caning some STUDENTS / *CANING some students}, I guess.
(7) What did Mr. Arnold do? — He {caned some STUDENTS / *CANED some students}.
(8) a. What did Mr. Arnold do? — He caned some STUDENT.
b. They had lost some PART.　（Bolinger 1991, 227))
(9) a. Tom gave me a big cake yesterday. I am {eating a SLICE / *EATING a slice} of it.
b. I bought a nice cake yesterday. I {ate a SLICE / *ATE a slice} of it.

(4)-(9)のような事実をもとに，「動詞とともに新情報の領域を形成する名詞句は，文アクセントを担う」という一般化が受け入れられてきた．しかし，新情報ならば名詞句がかならず文アクセントを担うかといえば，そうではない．(10)-(15)のように，動詞と目的語が新情報で，興奮したり落ち込んだりしない条件で発せられたにもかかわらず，目的語の名詞句が文アクセントを担わない場合がある．

(10) What is Mr. Arnold doing? — CANING some student (or other), I guess.
(11) When I saw them poking in the wreckage I figured the thing wouldn't run because they had LOST some part or other, but that wasn't it — all the pieces were there, just bent out of shape.
　　　　　　　　　　　　　　　　　　　（Bolinger 1991, 227)
(12) a. What is Mr. Arnold doing? — {CANING every student / *Caning every STUDENT} (that listens to music), I guess.
b. He's CANING every student and his uncle.
　　　　　　　　　　　　　　　（Bolinger 1985, 94)
(13) What is Mr. Arnold doing? — {CANING any student / *Can-

ing any STUDENT} that listens to music, I guess.
- (14) They have killer whales. I've been hoping to SEE {one / a couple / some / one or two}. (Bolinger 1991, 226)
- (15) a. That looks like a nice cake. CUT me a slice, will you?
 (Bolinger 1985, 94)
  b. These are nice tomatoes. HAND me a couple, will you?
 (*ibid.*)

　目的語の特徴を (10) から順番にあげると，some + 単数名詞 (+ or other)，進行形の文に現れる every もしくは any を先頭とする名詞句，one, a couple, some, one or two などの数量表現，それに命令文の部分名詞 (partitive) である．これらが含まれる (10)–(15) の例は，構文的な条件，談話の条件，それに感情の条件も，(4)–(9) の例とまったく同じである．それゆえ，目的語が先行する動詞と新情報を形成している場合に，目的語の文アクセントの有無は，目的語の名詞句に内在する意味特性によって決定されると考えざるをえない．

　次に，「興味のアクセント」のうち，述部に関連するもので，意味論と音韻論のインターフェイスの視点から重要だと考えられるものを提示する．述部のうち，自動詞は主語名詞句と談話上の新情報の領域を形成し，かつ，話者が興奮したり落ち込んだりしていない場合には，(16), (17) に示されているように，主語名詞句とともに文アクセントを付与される．

- (16) What happened? — JESUS WEPT. / *JESUS wept. / *Jesus WEPT.
- (17) a. What's that noise? — My BROTHERS are WRESTLING.
 (Faber 1987, 344)
  b. What's that noise? — It's some STUDENTS DANCING.
 (*ibid.*)
  c. What's that noise? — It's just a WOMAN CRYING.
 (*ibid.*)

　では，主語と談話上の新情報の領域を形成していれば，かならず文アク

第6章 文アクセントをめぐる問題　83

セントを付与されるかといえば，そうではない．(18), (19) に示されているように，出現，消滅，発着，往来などの意味を示す自動詞は，(16), (17) の自動詞とまったく同じ条件のもとでも，文アクセントを付与されない．

(18) What happened then? — JOHN (dis)appeared. / *JOHN (DIS)APPEARED. / *John (DIS)APPEARED.
(19) a. What happened? — My FATHER's arrived.
　　 b. What happened? — The CHIMNEY-pot's fallen off.

上にあげた動詞と，韻律上同じ振る舞いを示す述部に，be 動詞を先頭に形容詞句や前置詞句が続く述部 ((20)–(22)) と，受動態の述部 ((23)–(26)) がある．いずれも，主語名詞句と新情報の領域を形成しているのに，文アクセントを付与されない．

(20) (out of the blue) . . . Your SHOES are muddy.
　　　　　　　　　　　　　　　(*How Green Was My Valley*, 映画)
(21) (Have you heard?) The First SECRETARY is a spy.
　　　　　　　　　　　　　　　(Gussenhoven 1984, 44)
(22) Hey! Your COAT's on fire.　　(Schmerling 1976, 21)
(23) His DOG {was / got} run over.　(Schmerling 1976, 97)
(24) Your TROUSERS are torn.　　(Gussenhoven 1984, 30)
(25) What happened? — The GOVERNOR has been kidnapped.
　　　　　　　　　　　　　　　(Bing 1979, 251)
(26) Why was the ambulance in such a hurry? — An ACCIDENT had just been reported.　　(Bolinger 1985, 98)

(16), (17) における述部と (18)–(26) における述部との韻律的な対立が生ずる環境を考えると，構文的な条件，談話上の条件，それに感情的な条件，いずれもまったく同じである．それゆえ，問題となる韻律上の対立は，述部に内在する意味の違いに起因すると考えざるをえない．
さらに興味深いことに，表面的には同じ動詞が，意味の違いにより，文アクセントを付与されたりされなかったりする場合がある．それが (27)–

(29) の例である（Faber 1987, 345–349）.

 (27) a. We can't eat yet. Your MOTHER's still COOKING.
    b. We can't eat yet. Your MOTHER's still cooking.
 (28) a. What's this smell? — One of my STUDENTS was SMOKING.
    b. What's this smell? — One of my STUDENTS was smoking.
 (29) a. Did anything happen while I was out? — Your MOTHER TELEPHONED.
    b. Did anything happen while I was out? — Your MOTHER telephoned.

それぞれの最小対立の意味は，次のとおりである．(27) が，アクセントがあれば「料理する」，なければ「煮える」という意味である．以下同様に，(28) が，「煙草を吸う」と「もくもくと煙を出す」，(29) が，「電話をかける」と「電話をしてくる」という意味になる．このような意味に対応している韻律的な対比は，動詞に内在する意味の違いに起因しているとしか考えられない．

いままで観察した述部の韻律的対比は，他動詞でも観察される．他動詞（およびそれに相当する述部）とその目的語が，談話上の新情報の領域を形成している場合，(30), (31) に示されているように，look や cane は副次的なアクセントを担うが，see や get は副次的アクセントを担わない．この場合も，構文的な条件，談話上の条件，それに感情の条件はまったく同じであるから，問題となる韻律上の違いは，動詞に内在する意味特性に起因しているはずである．

 (30) a. He {lóoked at / *looked at} a strange MAN.
    b. He {cáned / *caned} a strange MAN.
 (31) a. He {*sáw / saw} a strange MAN.
    b. Anything the matter? — Got a HEADache.

次に，前置詞句を伴った自動詞の韻律特性を考える．自動詞とその直後の前置詞句が新情報の領域を形成する場合に，前置詞句は文アクセントを担うが，自動詞がアクセントを担うか否かは動詞の種類による．(32)に示されているように，remain などの動詞はアクセントを担わないが，「煙草を吸う」という意味の smoke はアクセントを担う．また，(33)に示されているように，run という動詞の場合には，直後に「方向」を示す前置詞句がある場合にはアクセントを担わないが，直後に「場所」を示す前置詞句がある場合にはアクセントを担う．

(32)　a.　John remained in the TENT.
　　　b.　John SMOKED in the TENT.
(Gussenhoven 1992, 87)
(33)　a.　He ran into the ROOM.
　　　b.　He RAN in the ROOM.

いずれの場合も，「自動詞＋前置詞句」という構文的特性は一致しており，談話の条件も感情の条件もまったく同じであるから，問題となる韻律的差異は，やはり動詞の意味特性に起因するものであると考えざるをえない．

以上，「興味のアクセント」という視点から捉えられる現象のうち，意味論と音韻論のインターフェイスに関連する現象のうちの一部を提示した．名詞句の場合と述部の場合に共通していたことは，名詞句もしくは述部の意味特性が関わっているらしい，ということであった．それゆえ，次のことが論点となる．

(34)　名詞句や述部の韻律特性を決定している意味特性とは何か．

次節以降で，この問題を考える．

6.1.2　先 行 研 究

　英語の文アクセント研究は，古くから文献が存在しているが，その分布を規定している要因の解明が始まったのは，おおよそ 1950 年代からである．そして，インターフェイスという視点から研究が始まったのは，*SPE*

の出版以後である．それ以後の研究は，大きく3つの流れに分類できる．

　1つは，「統語論的接近法」と呼ぶべきもので，談話や感情の影響がない状況では，文アクセントの分布は，文の「表層構造」(もしくはそれに近い派生の表示)により決定できるとする立場である．この立場の代表的研究には，*SPE*, Bresnan (1971, 1972) から最新の Zubizaretta (1998) まで，いくつかの研究がある．Culicover and Rochemont (1983) や Selkirk (1984) も，この流れのなかに位置づけてよい．この流れでは，個々の研究ごとに細かい相違点があるにせよ，現代英語の場合，文の右端の「内容語」が文中で一番卓立が大きい要素になると主張している点では，共通している．

　文アクセント研究の2つ目の流れは，「折衷案的接近法」と呼ぶべきもので，文アクセントの分布には，統語構造が関与していることは否定しないが，他の要因も考慮に入れるべきであるとする立場である．この流れには，Schmerling (1976)，Ladd (1980)，それに Gussenhoven (1984) などが含まれる．それぞれ，かならずしも文の右端に一番卓立が大きいアクセントが付与されるわけではないことが示され，文アクセント付与について大まかな原則が提案されている．

　文アクセント研究の3つ目の流れは，純粋に「語用論的接近法」と呼ぶべきもので，Bolinger の一連の研究がその代表である．この接近法では，文アクセントの分布は統語構造からは予測不可能で，究極的には，話者のものの見方により決定されると主張されている．文の情報構造を足場にして文アクセントの分布を説明しようとしている Lambrecht (1994) と Erteschick-Shir (1997) も，この流れに含めてよい．

　これら3つの文アクセント研究の大きな流れのうち，「統語論的接近法」と「折衷案的接近法」が，文アクセントの分布は予測可能であると主張している点は首肯できる．ただし，限られた事実に基づいて理論を構築している傾向がみられ，理論に対する反証例とおぼしき事実が多い．また，文の右端にアクセントが付与されると主張する「統語論的接近法」は，とくに語の意味特性が原因と考えられる韻律的対立のうち，文末の内容語に文アクセントが付与されない例は説明できないという欠点がある．

「語用論的接近法」は，文アクセントの分布が統語構造からは予測不可能であるとしている点はよいが，言語外の要因を重視するあまり，その場しのぎの説明が散見される．また，語用論的要因を重視しているので，語の意味特性が文の韻律に反映するという立場はとらない．それゆえ，前節で提示した，語の意味特性が関与していると考えざるをえない韻律的対立を，統一的に説明することは不可能である．

6.1.3 事実の説明

現時点で，前節で提示した事実を，語の意味特性に着目して統一的に説明する枠組みを提示しているものとして，大きな流れには含まれていないが，Okazaki (1998) がある．その主張の骨子をまとめると，次のようになる．

(35) 文法の枠組み：統語部門，意味部門，音韻部門はそれぞれ自律的で，相互に対応規則 (correspondence rule) により結びつけられている．

(36) 文アクセントの分布は，次の2つの段階を経て決定される．
a. 意味部門と音韻部門との間の対応規則による，アクセントの基本分布の決定．
b. 純粋な音韻規則である核付与規則による，文中でもっとも卓立が大きい位置の決定．

以上のことを前提として，Okazaki (1998) の具体的提案を，(36a) の段階に焦点をしぼって示す．((36b) については Okazaki (1998, Ch. 3) を参照．)

まず，目的語の名詞句のアクセントについては，名詞句に関係する意味特性のうち，名詞句が「話者にとって特定的指示対象をもつか否か」ということがもっとも重要である．具体的には，次の記述的一般化が可能である．

(37) 目的語と動詞が新情報の領域を形成する場合，「話者にとって特定の指示対象」がある名詞句は文アクセントを担うが，「話者に

とって特定の指示対象」がない名詞句は文アクセントを担わない．

この一般化の証拠として，名詞句が話者にとって特定的指示対象をもつか否かのテストの1つを利用できる．それは，名詞句が過去時制の非制限関係詞節によって修飾可能ならば，その名詞句は話者にとって特定的指示対象をもつと認定できる，というものである (Givón 1976)．次に示されているように，動詞と新情報の領域を形成している場合に文アクセントを付与される目的語の名詞句は，過去時制の非制限関係節によって修飾可能であるのに対して，同じ談話の条件のもとでアクセントを付与されない名詞句は，過去時制の非制限関係詞節によって修飾不可能である．

(38) a. He is caning {*a student / some students*}, who hit Mary.
b. He caned {*a student / some student(s)* }, who hit Mary.
c. I bought a nice cake yesterday. I gave him *two slices*, which he ate immediately.

(39) a. *He is caning {*some student (or other) / every student (that listens to music) / any student that listens to music*}, who hit Mary.
b. *He caned *some student or other*, who hit Mary.
c. *They have killer whales. I've been hoping to see {*one / a couple / some / one or two*}, which they caught yesterday.
d. *That looks like a nice cake. *Cut me *a slice*, which I saw yesterday.

以上の事実により，(37) の一般化の妥当性が確認できた．ここで，「特定性」という意味概念の性質に注目したい．この概念は，統語論の言葉や音韻論の言葉では述べることができない．また，文脈によって変幻自在に変わる性質のものでもない．意味部門に何らかの形で表示されるべき概念である．それゆえ (37) の一般化は，(40) のように，Jackendoff (1997) などが言う意味での，意味部門と音韻部門の対応規則として定式化されるべきである．

(40) 名詞句と動詞が新情報の領域を形成している場合，話者にとって特定的指示対象をもつ名詞句は文アクセントに対応する．

次に，述部の文アクセントについて述べる．主語名詞句と新情報の領域を形成する自動詞的述部のアクセントの有無については，述部に関係する意味特性のうち，述部が行為を示す述部か否かがもっとも重要である．具体的には，次の記述的一般化が可能である．

(41) 主語名詞句と新情報の領域を形成している場合に，「行為」を示す述部は文アクセントを担い，「行為」を示さない述部は文アクセントを担わない．

この一般化の妥当性は，述部が次の3種類の構文に出現可能か否か，ということによって確かめることができる．

(42) a. there 構文：There *arose* a problem.
b. 外置構文：A man *came* here who came from the United States.
c. 場所表現倒置構文：On the bank of the river *is* our school.

これら3種類の構文に出現可能な述部は，「行為を示さない」ものであり，出現不可能な述部は「行為を示す」ものである(中右 1994)．次に示されているように，主語名詞句と新情報の領域を形成する場合に文アクセントを担う述部は，(42)の3種類の構文に「出現不可能」であるので，「行為」を示すと認定できる．それに対して，主語名詞句と新情報の領域を形成する場合に文アクセントを担わない述部は，3種類の構文に「出現可能」であるので，「行為」は示さないと認定できる．

(43) a. *There *wept* in the room a boy who failed in the entrance exam.
b. *A boy *wept* in the room who failed in the entrance exam.
c. *In the room *wept* a boy who failed in the entrance exam.
(44) a. There *appeared* a man who came from the United States.
b. A man *appeared* who came from the United States.

　　　　　c.　In the room *appeared* a man who came from the United States.
(45)　a.　There *fell off* a chimney-pot which was made in 1920.
　　　b.　A chimney-pot *fell off* which was made in 1920.
　　　c.　In the morning *fell off* a chimney-pot which was made in 1920.
(46)　a.　There *was* a strange man in the room.
　　　b.　There *wasn't* anyone in the little town that had seen more of the world.
　　　c.　Here'*s* your book.
(47)　a.　There *are spoken* in the world today some three thousand languages.
　　　b.　The story *is told* that he was once a wrestler.
　　　c.　To this list *may be added* ten further items of importance.

　以上の事実から，(41)の一般化の妥当性を確認できた．この場合も，「行為」か「非行為」かという意味特性の性質を考えてみなければならない．この意味特性も，統語論の言葉でも音韻論の言葉でも述べることができないし，文脈や話者の意図によって変幻自在に変わるものではない．それゆえ，意味部門のなかに表示されるべきである．つまり，(41)の一般化も，意味部門と音韻部門の対応規則として，(48)のように定式化されなければならない．

(48)　述部が名詞句と新情報の領域を形成している場合に，「行為」を示す述部は文アクセントに対応する．

　この対応規則を前提にすると，一見奇妙にみえる cook, smoke, それに telephone の韻律特性についても，統一的な説明を与えることが可能である．すべての場合において，述部に文アクセントが付与されている場合には，述部が「行為」を示しており，文アクセントがない場合には，述部は「行為」を示していない．たしかに，(49)–(51)に示されているように，これらの動詞は3種類の構文に出現可能である．しかし，問題となる

構文に出現する場合には，上であげた動詞はそれぞれ，「煮える」，「もうもうと煙を出す」，それに「電話をしてくる」という意味で，「行為を示さない」動詞である．

(49) a. There *cooked* a woman in the kitchen.
　　 b. A woman *cooked* in the kitchen who resembles Marilyn Monroe.
　　 c. In the kitchen *cooked* a woman who resembles Marilyn Monroe.
(50) a. There *smoked* in the bathroom one of my students.
　　 b. One of my students *smoked* in the bathroom who came from the United States.
　　 c. In the bathroom *smoked* one of my students.
(51) a. In the morning there *telephoned* a man who lives in Tsukuba.
　　 b. In the morning a man *telephoned* who lives in Tsukuba.
　　 c. In the morning *telephoned* a man who lives in Tsukuba.

さらに，他動詞が目的語と新情報を形成している場合の動詞の副次アクセントの有無も，動詞が行為を示すか否かという視点から説明できる．すなわち，look や cane は行為を示すが，see や hear は行為を示さない，ということになる．(52) に示されているように，look や cane は基本的な行為動詞を用いてパラフレーズできる．それに対して see や get は，基本的な非行為動詞を用いてパラフレーズできる(いずれも COBUILD より)．

(52) a. look: to *watch*
　　 b. cane: to *hit* ... with a cane as a punishment
　　 c. see: *become* aware of something by using the eyes
　　 d. get: *become* infected with illness

さらにこの延長線上で，(32) と (33) の事実も説明できる．すなわち，動詞と後続する前置詞句が新情報の領域を形成しているのに，remain と，方向を示す前置詞句が後続する run が文アクセントを担わないのは，「行

為」を示さないからである．まず，remain が状態を示すことは納得がゆく．次に，run の場合には，場所を示す前置詞句が後続する場合には「行為」を示し，方向を示す前置詞句が後続する場合には「行為」を示さない．このことは，前者の場合には，run が (42a, c) の構文に出現しないのに対し，後者の場合には，その構文に出現可能である，という事実によって示される．

(53) a. *There ran in the room a man who came from the United States.
　　　b. *In the room ran a man who came from the United States.
(54) a. ?There ran into the room a man who came from the United States.
　　　b. Into the room ran a man who came from the United States.

　以上，名詞句と述部の文アクセントについて，それらが隣接する要素と新情報を形成する場合に，興奮したり落ち込んだりしない状況では，意味情報により文アクセントの有無が決定されるということを示した．

6.1.4　今後の展望

　前節で，現代英語の文アクセントの分布で，語の意味特性を考慮に入れなければ説明できない事実があることを示し，大部分の先行研究ではその事実が説明できず，Okazaki (1998) の提案を採用すべきことを示した．具体的には，「名詞句の特定性」と「述部が行為か否か」という2つの要因を軸に，文アクセントの分布が決定されることをみた．

　次に問題になるのは，なぜ「名詞句の特定性」と「述部の行為性」が文アクセントの分布の決定要因になるのか，ということである．事実，2つの意味特性が文アクセントの分布を決定する必然性はない．現代英語において，その2つの意味特性が重要である，というだけである．ただし，必然性がないからといって，現代英語の文アクセントの分布が特殊であるということではない．現代英語において重要な役割を果たしている2つの意味特性は，ドイツ語，オランダ語，それにデンマーク語の文アクセントの

分布決定にも，重要な役割を果たしている (Okazaki 1998, Chs 6–8).

今後は，2つの意味特性が文アクセントの分布の決定要因になっている言語が，あるか否か，事実調査を実施し，2つの要因の関与が Okazaki (1998) の提案以上に一般的なものか否か，検討してみる価値がある.

6.2 「力のアクセント」

6.2.1 現象詳述

文アクセントの特徴として，文中の要素の意味特性ばかりではなく，「語用論的要因」との対応がある.「語用論的要因」にはさまざまなものが含まれるが，現在まであまり研究が進んでいない要因の1つに，文アクセントの配置と文の「発話の力」との関係がある.「発話の力」とは，発話自体がもつ勢いのようなもので，ある種のメタ言語的機能である.

文アクセントと「発話の力」の関係については，Bolinger (1985, 1986, 1989) が最初の体系的研究であり，それ以前には，断片的な記述はあるにせよ，体系的研究はまったくなかった. 本節では，そのような文アクセントの配置と「発話の力」の関係について，Bolinger の記述を土台にして概観する.

文アクセントの配置と「発話の力」の関係についての第一の事実は，文アクセントの位置が「通常の位置」よりも語末もしくは文末に近い位置にずれるほど，「発話の力」が強くなるということである. 具体例は，(55)–(56) である (Bolinger 1986, 76–79).

(55) a. ... a person whose full-time job was being a secreTAry.
(J. R. Ross, June 1, 1973)
b. The reason for the increase ... is tempoRAry.
(Jimmy Carter, April 14, 1977)
c. The bill would have been amended subseQUENTly.
(Justin Roberts, May 14, 1979)

(56) a. By ALL means.　*vs.*　By all MEANS!
b. Are you ready? —
ALmost.　*vs.*　AlMOST.

　　　　c.　His rule is ABsolute.　*vs.*　His rule is absoLUTE.

　(55) では，語内部での文アクセントと語強勢の位置のずれがある．語強勢の位置は，それぞれ，sécretary, témporary, súbsequently である．実際の例では，文アクセントの位置が語強勢の位置よりも語末に移動している．そして，その移動により「発話の力」が強まる．

　(56) の例は，文アクセントの位置が，「通常の位置」よりも文末に近い位置に移動している場合である．左の列にあるアクセントの配置が，それぞれの表現の「通常のアクセント配置」である．それに対して，右の列のアクセントの配置は，「通常のアクセント配置」よりも文末に近い位置にあり，それにより「発話の力」が強まる．

　いままで述べた視点から，実際の発話におけるアクセント配置を観察してみると，アクセントの語末もしくは文末に近い位置への移動により「発話の力」が強くなる実例をみつけるのは，それほど難しいことではない．Bolinger が提示している実例のほかに，次の例がすぐにみつかる．

　(57)　a.　Boys and girls, I am not accustomed to speaking in pubLIC.
　　　　　　（*cf.* PUBlic）　　（*How Green Was My Valley*, 映画）
　　　　b.　I hope you like it. — Like it? I've got TO.　（*cf.* I've GOT to.)　　　　　　　　　　（*Summer Time*, 映画）
　　　　c.　. . . was not recogNIZED.　（*cf.* RECognized）
　　　　　　　　　　　　　　　　　　　　　　　　（今井 1987, 5）

　(57a, b) は筆者自身が収集した例で，いずれも映画からのものである．(57a) は，主人公の少年が学校で教師のいじめにあっている実状をみかねた，少年と顔見知りの大人が教室へ乗り込み，教卓の付近で狼狽しているその教師を殴り倒した直後に，教卓のそばに立ち，生徒に向かって言う台詞である．「人前で話すことに慣れてないもんで」というくらいの意味で，話者の「照れ隠し」が pubLIC という発音によって示されている．

　(57b) は，ヴェニス行きの汽車のコンパートメントで，中年男性と主人公の中年の独身 OL がヴェニスについて話している場面である．男性が「ヴェニスを好きになるとよいですね」と言ったのに対して，主人公が，

「好きになるって？　好きにならなきゃならないのよ．（そうでなきゃどうしようもないじゃない）」と言っている．不定詞マーカーの to が音調核になることによって，是が非でも好きにならなければならないというニュアンスが表現されている．それは，この後に，I've come such a long way.（「(貯金して)はるばる(アメリカから)ここ(イタリア)まできたのだから」）という台詞が続くことからもわかる（これは 1950 年代の話）．

　(57c) は，空港に設置されている金属探知器に，「ほとんど全部品がプラスチックからできているピストル」が引っかかるか否かを試した，新聞記者の発話である．彼はそのピストルが反応しなかったので，recog-NIZED という発音で繰り返し同じことを述べていた，と今井は言う．「反応しませんでした」という，話者の興奮が伝わる韻律型である．

　「発話の力」が強まるのは，文アクセントの位置が，語末や文末に近い位置にある場合だけではない．「発話の力」が強まる場合として，発話のなかの文アクセントの数が，通常の場合よりも増える場合がある．具体例は次の (58) である（Bolinger 1986, 84-86）．

(58)　a.　By ALL MEANS!　　b.　EXCUSE ME!
　　　c.　BELIEVE ME!

いずれの例でも，通常，音調核にあたるものが発話中に 1 つあればよいのに，2 つ，もしくは 3 つあることによって，「発話の力」が強められている．

　このように，文アクセントの累積により「発話の力」を強める例は，実際の発話においてかなり観察される．筆者が収集した例のうち，2 つをあげる．

(59)　a.　WHAT an AWful MESS!　　　　（映画，題名不詳）
　　　b.　CAPtain HASTings! WHAT IS THIS?
　　　　　　　　　　　　（『名探偵ポワロ』，TV ドラマ）

(59a) では 3 つのアクセントにより，(59b) では 5 つのアクセントによって，「発話の力」が強められている．前者は，部屋に入ってくるなり，そ

の内部の散らかりように唖然としている場面での台詞である．後者は，ポワロの秘書のミス・レモンが，ポワロの相棒のヘイスティングズ大尉に，店からの代金請求があっても，ミス・レモン本人が戻るまで待ってほしいと頼んでおいたのに，ヘイスティングズ大尉が独断で現金で支払いを済ませてしまい，その控をみて言う台詞である．「あれほど言っておいたのに．(ポワロ振り出しの)小切手が信用されなくなります」という意味の，詰問調の言いかたである．

次に，文アクセントの，語頭もしくは文頭に近い位置への「移動」を考える．文アクセントが予想される位置よりも語頭もしくは文頭の近くへ移動すると，語末もしくは文末に近い位置への移動とは対照的に，「発話の力」が弱まり，場合によっては抑制のきいた表現になる．具体例は次の(60)である (Bolinger 1986, 81–82)．

(60) a. Until you are handicapped you don't realize what some people have to GO through.　(*cf.* . . . to go THROUGH.)
　　　b. The speech was so READY-made!　(*cf.* The speech was so ready-MADE!)
　　　c. I'm going to DO that, honey!　(*cf.* I'm going to do THAT, honey.)

(60)では，並列してあげた文アクセントの配置と比べると，「発話の力」が弱くなっている．

文アクセントの「予想される位置よりも前の位置への移動」という現象も，実例を探すことはそれほど難しいことではない．次の例を考えてみよう．

(61) a. ConGRAtulations!　　　　　　　　　(今井 1987, 5)
　　　b. Doc, I'll BUY you a drink.　　　(*Stagecoach*, 映画)

(61a)は，今井(1987)によると，高校生だった今井氏自身が，日米親善馬術大会の表彰式で聞いた発話である．表彰式で，アメリカ人(国連軍総司令官のリッジウェイ中将夫人)がトロフィーを渡すさいに，例のよう

に発音したということである．通常語強勢がおかれる場所に文アクセントがおかれる場合よりも，場面にふさわしい抑制のきいた発話になる．

(61b)は筆者が収集した例で，映画の最後の場面の台詞で，「ドック，一杯おごろうか」という意味である．映画は「ハッピーエンド」なので，大喜びしてもよい場面だが，動詞 buy に音調核がおかれることにより，その喜びの感情を抑制ぎみに表現している．文末の a drink が音調核にならないのは，それに特定的指示対象がないことが理由であると考えられるが，そのことが，この場面では結果的に抑制のきいた発話を作り出している．

6.2.2 「力のアクセント」をめぐる研究

Bolinger (1986, 1989) 以外に，「力のアクセント」と呼ばれる現象を記述した研究がないわけではない．Bolinger が「力のアクセント」と呼んでいる現象については，以前から断片的な記述がなされていた．ただし，体系的な記述と説明がなかったため，現象の本質についての説明もできなかった．その点で，Bolinger の記述と説明は特筆に値する．ただし Bolinger の指摘は，非言語的な情報に力点がありすぎるため，「力のアクセント」と「文法要素」との関連についての目配りが足りなかったことも確かである．結果的にそれを補う役割を果たしているのが，Local and Wells (1983) や Cruttenden and Faber (1991) などの研究である．

それらの研究では，「力のアクセント」という概念は用いられていないが，実質的に Bolinger の言う「力のアクセント」の現象と文法要素や文脈との関連が研究されており，興味深い．

1つ例をあげると，通常音調核にならないことが予測される前置詞が音調核になる場合の制約が，Cruttenden and Faber により指摘されている．具体的には，次の (62) に示されているように，条件が整えば，前置詞が音調核になる (Cruttenden and Faber 1991, 265, 271)．

(62) a. This poem describes London and the journey TO London.
　　　b. Joyce he detested, and he always used to swear that he would

burn anything found BY Joyce.
c. ... and this morning sees the start of Harrods' Spring Sales. FROM Harrods, our roving reporter Molesworth sends the special report ...

しかし，前置詞句が音調核になるためには，文脈のほかに，少なくとも2つの条件を満たす必要がある．その1つは，前置詞句の直前に名詞句があれば，その名詞句に具体的な指示対象がないことが要求される．(63)に示されているように，前置詞の直前の名詞の指示対象が具体的になればなるほど，容認度が落ちる (Cruttenden and Faber 1991, 273).

(63) a. ?My poem describes London and a B-road TO London.
b. *My poem describes London and the old Icknield Way TO London.

前置詞が音調核になるためのもう1つの条件は，(62)のような例の場合，前置詞の直後が名詞でなければならないというものである．(64), (65)に示されているように，前置詞の直後が代名詞で，前置詞が音調核になると，容認不可能になるか，容認度が落ちる (Cruttenden and Faber 1991, 276).

(64) a. *My poem describes London and the journey TO it.
b. *... and this morning sees the start of Harrods' Spring Sales. FROM {it / them}, our roving reporter Molesworth sends this special report ...
(65) a. A woman shouldn't be a politician — she should be the wife OF a politician.
b. A woman shouldn't be a politician — she should be the WIFE of one.
c. ?A woman shouldn't be a politician — she should be the wife OF one.

しかし，代名詞を目的語にとっている前置詞が音調核になっても，容認

可能な場合が存在する（Cruttenden and Faber 1991, 276–277）.

(66) a. I wasn't particularly enamored of the argument, but I wasn't going to protest aGAINST it.
b. I'll give you six marks and you should be happy WITH it.

以上の事実から明らかなように，「力のアクセント」は，話者の感情のおもむくまま自由に付与されるわけではない．関連する語の性質や，前置詞と先行する要素との文法関係が関連している．詳しい分析はCruttenden and Faber (1991) に譲るが，そこで提示されている事実は，Bolingerの言う「力のアクセント」と呼ばれる現象でさえも，文法の部門間のインターフェイス研究とは無関係ではないことを示唆している．

6.2.3 今後の展望

本節では，Bolingerの記述を土台にして，「力のアクセント」の現象をみた．この現象は，話者の状況認知のうち感情に関係するもので，文法の枠組みに直接関係はしない．したがって，言語現象と話者の感情のインターフェイスとでも呼ぶべき分野に属する現象であると考えられる．

しかし，Cruttenden and Faber (1991) の指摘のように，「力のアクセント」という現象でさえ，文の構成要素間の意味特性によって規制されている側面がある．つまり，「力のアクセント」を考えるときでさえも，「音韻論と意味論のインターフェイス」という視点は不可欠なものである．

「力のアクセント」と文法の部門間のインターフェイスとの関連の研究は，現時点ではほとんどない．これからの研究が待たれる．

第7章　おわりに

　第Ⅰ部では，音韻論を中心にすえて，統語論とのインターフェイスと意味論とのインターフェイスについて，具体的な現象を出発点として，どのような捉えかたが可能なのか，また，今後解決すべき問題は何かを論じてきた．

　句のレベルから文のレベルまでの，インターフェイス現象とみなされる現象を観察して明らかになったことは，現象ごとに，その実態の解明の度合いのばらつきが予想した以上に大きい，ということである．たとえば，句のレベルのリズム規則や，句・文レベルにおける分節音の変化などは，現在までに多くの研究が出版され，事実の発掘と整理，それに現象の実態の解明がかなり進んでいる．それに対して，後半で取り上げた，機能語の強形の分布をつかさどる原理の解明や，縮約の実態の解明は，30年近い研究の歴史があるにもかかわらず，ほとんど進んでおらず，これから事実の整理から始めなければならない状態にある．また，文アクセントの問題についても，文レベルの意味情報との対応と話者の感情との対応を，明確に区別したうえで，事実の整理と説明がされるようになってまだ日が浅く，全体像を捉えるためには，時間がまだ必要であるという状態にある．

　以上述べたような，音韻論と他の２つの分野とのインターフェイスの研究の，けっして明るいとは言えない状況を前提とすると，今後われわれに課された課題は，「音韻論と他の部門とのインターフェイスの実態の解明」ということにつきる．そして，そのインターフェイスの実態の解明のためには，なによりもまず，関連する言語事実のしっかりとした記述が必要である．いままでの，音韻論と他の部門とのインターフェイスの研究に

おける最大の問題の1つに，関連する事実の記述が不十分だったということがある．関連する事実を，一面的な視点からではなく，複眼的な視点から眺め，統語論，意味論，語用論の研究で発掘された有益な知見を最大限に利用しながら，事実が生ずる原因がいかなる性質のものなのかを見きわめる作業から始めなければならない．とくに，本書の後半において扱った詩のリズム，機能語の強形の分布，縮約，それに文アクセントという現象については，いままで発掘されている言語事実のうち，本書で扱わなかった事実のほとんどのものについて，いかなる性質の現象なのか見きわめる作業を，徹底的にやり直す必要がある，と筆者は考えている．

　その事実の洗い直しには，膨大な手間と時間がかかることは明らかである．しかし，音韻論を土台にしたインターフェイス研究が，いままで，統語論，意味論，語用論の研究において発掘されてきた有益な知見を，十分に有効な形で利用していたとは言いがたいことを考えると，当然の作業をようやく始める，というだけのことである．

　そして，地道な事実の洗い直し作業を進めることによってのみ，音韻論と統語論のインターフェイスの研究と，音韻論と意味論のインターフェイスの研究が，文法の部門間の関係はいかにあるべきかという大きな理論的問題に対して，何らかの貢献をすることができる．一般に，複数の部門を仮定する文法(理論)の研究自体が，煎じつめれば，インターフェイス研究にほかならない．極論になるが，いままでの音韻論を中心にしたインターフェイス研究は，最終的には音韻論内部のことばかりに目をむけ，当然のことをしてこなかったと言える．これからの，音韻論と他の分野とのインターフェイス研究は，当然のこととして，文法の枠組みをたえず意識しながら進められるべきである．

　最後に，いま一度，「音韻論と他の2つの部門のインターフェイスの研究」は，現時点でけっして進んでいるとは言えず，わからないことだらけであり，明るい展望が開けているわけではない，ということを強調したい．しかし，それは裏を返せば，「音韻論と他の2つの部門のインターフェイス研究」は，今後，新しい知見がいくらでも発掘できる未開拓の分野である，ということを意味するのである．

第 II 部

形態論におけるインターフェイス

第8章　はじめに

　この章から先は，形態論と統語論・意味論・音韻論・語用論とのインターフェイスに関して論ずる．それに先だって，本章で，議論の基盤となる概念や仮定などについて概略を述べておく．

　まず，インターフェイスに関してであるが，参考のために，AHD によるインターフェイスという語の意味の定義を示しておく．

in·ter·face (ĭn′tər-fās′) *n.*
1. A surface forming a common boundary between adjacent regions, bodies, substances, or phases.
2. A point at which independent systems or diverse groups interact: *"the interface between crime and politics where much of our reality is to be found"* (Jack Kroll).
3. *Computer Science.* The point of interaction or communication between a computer and any other entity, such as a printer or human operator.

この定義によれば，インターフェイスは，2つあるいはそれより多くの独立した領域あるいは存在物が接触する点や面のことであり，インターフェイスの存在には，2つ以上の互いに独立した領域あるいは存在物があることが前提になるということがわかる．定義の3.に該当するが，最近はかなり多くの人にとって身近なものになっているコンピュータを例にとると，コンピュータを構成する部品として本体とキーボードとマウスとディスプレイがあるが，これらが定まったインターフェイスを介して接続され

ることによって，ひとまとまりになって，きちんと機能するようになる．

Chomsky の文法の捉えかたにおいては，コンピュータと同じように，文法はいくつかの独立した部門(モジュール (module) と呼ばれる)から構成され，それらの部門が定まった方式で結びついて，文法として機能すると仮定されている．ここでは，文法を構成する独立した下位部門として，語彙目録，形態論，統語論，意味論，音韻論があると考える．以下のいくつかの章で，形態論と他の部門との関わり合いを伴う言語現象を取り上げるが，その関わり合いを説明するのには何らかのモデルが必要になる．ここでは，Chomsky の生成文法の理論に基づいた1つの文法のモデルを採用する．これは，Selkirk (1982) や Di Sciullo and Williams (1987) などの理論に適合するモデルである (Lieber (1988) を参照)が，それによると，文法の内部構成および部門の間の関係はだいたい次のようになる．(音韻論と意味論(の一部)はそれぞれ音声形式 (PF)，論理形式 (LF) と呼ばれるが，これから先の議論には本質的な影響はない．)

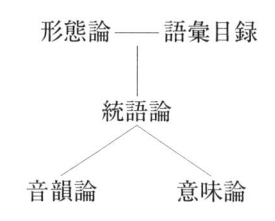

```
        形態論 ── 語彙目録
              │
            統語論
           ╱     ╲
       音韻論    意味論
```

この文法のモデルで文を派生するさいには，方向が定まっていて，形態論／語彙目録の部門から語彙項目が統語論に提供され，統語論で作られた文構造が，音形の解釈と意味解釈を受けるために，それぞれ音韻論と意味論に送られる．このようなモデルでは，部門間のインターフェイスは，それぞれの部門を結ぶ線で表された部分に固定される．方向が定まっているので，たとえば形態論の段階で，統語論で作られる要素を先取りして利用するというようなことは，原則として許されない．

以下のいくつかの章で取り上げる事例には，形態論が，文法の他の部門である統語論と意味論と音韻論のそれぞれと関わり合いを伴うものが含まれる．このような事例の説明には，それに関わりをもつそれぞれの部門の

間の接点が必要になる．そのような接点のなかには，上述のモデルで許されているインターフェイス以外に，別の新しいインターフェイスを設定しなければならないものがある．その場合には，程度の差はあれ，モデルの変更が必要になる．たとえば，第9章で取り上げられる句複合語 (phrasal compound) の形成には，統語論で作られる要素(句)を，形態論の複合の過程で利用する必要が出てくるが，それを可能にするには，統語論と形態論の新たな接点を設けなければならない．この新たなインターフェイスに関する問題は，句複合語を統語論で形成する必要性を強調し，それを土台にして，統語論のなかに形態論を組み込んでしまおうという，Lieber (1988, 1992) の提案(この提案の問題点に関しては Borer (1998) を参照のこと)を誘発したが，これは，文法のモデルの変更の1つの極端な例である．この場合は，形態論という部門が実質的に消滅することを意味する．その一方で，Shibatani and Kageyama (1988) にみられるように，形態論の部門としての自律性を尊重して，文法の他の部門との接触がもっと自由に行なえるようにする変更も提案されている．(Spencer (1991) において，形態論と文法の他の部門とのインターフェイスに関する詳しい説明がなされているので，参照されたい．)

　以下の各章は，英語にみられる形態論と他の部門(語用論は，Chomsky 流の文法の対象外の分野であるが，本論では便宜上，形態論と文法内の他の部門とのインターフェイスと平行的に捉えることにする)との関わり合いを伴う言語現象の提示と考察が中心になる．新しいインターフェイスが必要になる場合に，それが具体的にどのような形をとるかという点には注意を向けない．

　本論に入る前に，語彙目録と形態論について，大まかな説明をしておく．詳しくは，本シリーズの第16巻『語の仕組みと語形成』を参考にしていただきたい．

　語彙目録はどういうものか，語彙目録と形態論の関係はどのようなものかについては，諸説がある (Spencer (1991, 47-49) を参照)が，どれか特定の説に従うということはしないでおく．ここでは，語彙目録と形態論は独立した部門と考えるが，2つが合わさって，文の派生に必要な語を提

供するというように考える．すなわち，この両者が合わさって，文法の辞書を構成するとみなす．

　形態論は，屈折と派生と複合という3つの主要な過程を含むと仮定する．屈折は形態論には含めない考え方もあるが，ここでは含まれると仮定する．

　屈折は，動詞や名詞などの変化形を作るために，接辞が付加する過程である．接辞の付加によって，変化形が作られる．英語の動詞の過去形の形成がその例である．屈折の過程は，もとの語の範疇を変えない，また意味も基本的には変えないという特徴をもつ．屈折の過程に使われる接辞は，屈折接辞と呼ばれる．

　派生も，動詞や名詞などの語に接辞が付加する過程である．屈折と違うのは，一般に，もとの語とは異なる範疇と意味をもつ，別の語が作られることである．派生の過程に使われる接辞は，派生接辞と呼ばれる．

　複合は，普通は2つの語が結合して，別の語が作られる過程である．もとの語の意味からは予測できない意味を表すことが多い．たとえば，bluebottle（ヤグルマソウ）やwaterflag（キショウブ）などの植物の名前を表す複合語は，色や姿などがもとになっていることは見当がつくけれども，何を表すかは予測不可能である．

　語彙目録には，形態論の規則によって作られるのではない，単純な構造をした語（walk, book）をはじめとして，ほかに接辞や慣用句（kick the bucket）などが納められていると考える．したがって，たとえば，形態論の派生の過程は，普通は，語彙目録にある語と接辞を結合させて，別の語を作り出すということになる．

　ところで，語は，派生語や複合語を含めて，音声と統語と意味と形態に関する特性の記述が与えられていると考えていただきたい．たとえば，runという動詞をとると，ごく大ざっぱには，次に示すような，語の特性に関する表示を伴っているとみなされる．

　　（1）　run
　　　　　音声の特性：抽象的な音の表示
　　　　　統語の特性：項構造（第9章を参照）

意味の特性：語彙概念構造，相の特性など（第10章を参照）
形態の特性：不規則変化の動詞であること

(1) では言葉で表現されているが，それぞれの特性は，一定の形式に基づいて表示されることになる．このうち，項構造と語彙概念構造の表示法については，それぞれ第9章と第10章で具体例が示される．

　以下の章の構成と各章で取り上げられる形態論の過程は，次のようになっている．第9章は形態論と統語論のインターフェイスで，名詞の属格 (John's) 形成という屈折の過程と，-able という接尾辞による派生，それと，句から複合語を作る過程が取り上げられる．第10章は形態論と意味論のインターフェイスで，接頭辞 out- と接尾辞 -er による派生が取り上げられる．第11章は形態論と音韻論のインターフェイスで，形容詞の屈折と，接頭辞 mal- と接尾辞 -al, -en による派生が取り上げられる．最後の第12章は，形態論と語用論のインターフェイスで，形容詞と動詞の屈折，接頭辞 re- と接尾辞 -ish, -ed, -er による派生，それと直示的な複合語の形成が取り上げられる．

第 9 章
形態論と統語論のインターフェイス

9.1 はじめに

本章では，形態論と統語論の関わり合いについて論ずる．構成は次のようになっている．まず 9.2 節で，いくつかの事例を提示する．1 つは，派生と動詞の項構造との関わり合いである．もう 1 つは，句に適用される屈折の過程である．最後に 9.3 節において，形容詞と不定詞からなる複合語を取り上げて議論する．

9.2 形態論と統語論との関わり合い：事例の観察

9.2.1 接尾辞 -able の付加と動詞の項構造の変化

項構造というのは，一般には，動詞や形容詞や名詞に与えられる統語特性の表示である．動詞の項構造は文の基本的な形，すなわち，基本的な統語構造を決定する．まず，動詞の項構造について少し詳しく説明しておく．

動詞が文において共起する要素には，必須の (obligatory) ものと選択的な (optional) ものとがある．たとえば次の文では，主語 (Mary) と直接目的語 (a cup of coffee) は動詞にとって必須の要素であり，副詞的語句 (in a hurry) は選択的な要素である．

(1) a. Mary made a cup of coffee in a hurry.
　　b. Mary made a cup of coffee.
　　c. *Mary made in a hurry.

(1b)と(1c)の例が示すように，選択的な要素が欠けても文の適格性に影響はないが，必須の要素が欠けると文は不適格になる．一般に，必須の要素は項(argument)と呼ばれ，選択的な要素は付加詞(adjunct)と呼ばれる．したがって，(1a)における主語と直接目的語は項であり，副詞的語句は付加詞である．この項という用語を使って，たとえば(1)に含まれるmakeという他動詞は，主語と直接目的語という2つの項をとるという言いかたをする．またrunのような自動詞は，主語の項を1つだけとる．この情報を表示したものが，項構造(argument structure)である．表記の仕方は統一されているわけではないが，ここでは，Rappaport and Levin (1988)の表記法にならうことにする．項を1つとる自動詞と項を2つとる他動詞の項構造は，(2)のように表示される．(2)では，項構造のまとまりがわかるように，便宜的に全体を括弧でくくってある．

(2) a. (x)
    b. (x ⟨y⟩)

xとyは項を表す記号で，xは主語の項を，⟨ ⟩で囲まれたyは直接目的語の項を表す．前者は，文において，動詞句の外部に具現化されるので外項(external argument)と呼ばれ，後者は動詞句の内部に具現化されるので内項(internal argument)と呼ばれる．⟨ ⟩は，外項と内項を区別するための記号である．内項は直接目的語だけではなく，たとえば，よく引き合いに出されるputという動詞のように，内項として，直接目的語のほかに場所を表す語句((3)のon the table)をとるものもある．

(3) a. Bill put the box on the table.
    b. *Bill put the box.

(3b)の例でわかるように，場所を表す語句が欠けると文は不適格になるので，これはputという動詞の内項である．このような場合は，直接目的語を他の内項から区別するために，「直接の内項」と呼ぶことがある．以上で動詞の項構造の説明を終わりにして，本題に入ることにしよう．

　動詞から派生の過程によって名詞や形容詞などが作られる場合，一般

に，もとの動詞の項構造に変化が起こる．

(4) a. They reduced waste.
    b. their / the reduction of waste

(4b) の reduction は，動詞から派生された名詞で，派生名詞形 (derived nominal) と呼ばれる．派生名詞形は，普通，過程 (process) の読みと結果 (result) の読みの両方をもつ．(この区分の詳細については Grimshaw (1990) を参照．) (4b) は過程の派生名詞形で，もとの動詞が表す過程の意味 (the act or process of reducing (*AHD*)) が中核になっている．このような場合には，もとの動詞の直接の内項は維持されて，of 句として具現化される．一方，もとの動詞の外項は，項としての性質を失い，付加詞的な性質をもつようになる．ただし，付加詞的ではあっても，もとの動詞の外項との関連性は維持されている．したがって，(4b) の their は選択的ではあるが，もとの動詞の主語に相当するという性質をもつ．派生名詞形 reduction の結果の読みは，縮小された結果とか量とかの意味を表すが，もとの動詞の項は失われる．

この変化を，もとの動詞の項構造がどのように派生語に引き継がれるかという視点から捉えて，項構造の継承 (inheritance) と呼ぶこともある．

派生に伴う動詞の項構造の変化の1つの事例として，-able という接尾辞付加による派生の過程を取り上げる．-able という接尾辞は，普通は他動詞に付加されて形容詞を派生する (-able という接尾辞の特徴に関しては Aronoff (1976), Fabb (1984), Anderson (1985), Di Sciullo (1997) などを参照のこと)．その派生の過程で，もとの他動詞の項構造が変化する．

(5) a. We can fly the kite.
    b. The kite is flyable.   (Randall 1988)
(6) a. We could drink the water.
    b. The water was drinkable.

(5a) と (5b)，(6a) と (6b) の比較によって，他動詞 fly と drink の直接

目的語(直接の内項)が，flyable と drinkable という形容詞においては主語(外項)になることが示されている．したがって，もとの動詞の直接の内項は，-able 形容詞においては外項に変化して継承されるということになる．(ついでながら，Bauer (1983, 178) は，もとの動詞の直接目的語が -able 形容詞の主語になると，おかしくなる場合があることを指摘しているので，その判断が正しければ，完全な継承とは言えないかもしれない．) 以上の特徴をふまえて，-able 付加の規則に伴う項構造の変化は，次のように表すことができる．

（7） $(x \langle y \rangle) \rightarrow (y)$

(7) の矢印の左側が他動詞の項構造を表し，矢印の右側が派生される -able 形容詞の項構造を表す．(7) には，もとの動詞の外項 x は -able 形容詞では失われ，直接の内項を表す y が -able 形容詞では外項に変化して継承される過程が示されている．(もとの動詞の外項が完全に失われるかどうかについては，意見が分かれる．これは，The game is playable by children. のような文を容認するかどうかに左右される．Randall (1988) や Spencer (1991, 341) などは，このような文は不自然であると判断するが，Fabb (1984) や Roeper (1987) などは容認する．容認される場合には，もとの動詞の外項は完全に失われるわけではない．The game is playable by children. の by 句は，受動文における by 句と似ていて，選択的であるので付加詞の側面をもつと同時に，その名詞句がもとの他動詞の外項に相当するという特徴をもつ．)

9.2.2　句に屈折接尾辞がつく場合

　次に，形態論の屈折の過程において，統語論で作られる句が対象になる場合を取り上げる．

　名詞句 the girl's face の the girl's のような属格形 (genitive form) あるいは所有形 (possessive form) は，属格接尾辞 (-'s) が付加する屈折の過程の結果，作られる．普通の場合は，名詞句の主要部である名詞に，属格接尾辞が付加しているようにみえるのではっきりしないが，この屈折の過

程は，句に付加するという特徴をもつ（Di Sciullo and Williams (1987, 89), Radford (1988, 65), Wiese (1996, 190) などを参照のこと）．これは，次の (8) のような例を観察するとはっきりわかる．これらは群属格 (group genitive) と呼ばれる（Quirk et al. (1985), Biber et al. (1999) などを参照）が，この場合には，属格接尾辞は主要部の名詞の後ではなく，名詞句の後に付加する．これは，属格接尾辞が名詞句全体に付加することの証拠とみなすことができる．(9) に the girl's face の例も加えて，名詞句を角括弧でくくった形を示してある．

(8)　a.　the Queen of England's hat　　　　　（Wiese 1996）
　　　　b.　a person with long hair's collar
　　　　　　　　　　　　　　　　　（Sadler and Arnold 1994）
　　　　c.　the person that I admire most's hair　　　（*ibid.*）
(9)　a.　[the girl]'s face
　　　　b.　[the Queen of England]'s hat
　　　　c.　[a person with long hair]'s collar
　　　　d.　[the person that I admire most]'s hair

このように，属格接尾辞の付加は，屈折の過程が名詞句という統語論が作り出す単位を対象にするという点で，形態論と統語論とが関わり合う場合の事例と考えることができる．

9.2.3　ま　と　め

　以上で，形態論と統語論との関わり合いを示す事例の観察を終わる．
　1つ目は，項構造を介しての形態論と統語論の関わり合いの事例として，-able 接尾辞付加という派生の過程に伴う項構造の変化を取り上げた．動詞に作用する形態論の派生の過程は，結果的に派生語の項構造を決めるので，項構造を介して形態論と統語論の関わり合いが生ずることになる．形態論の過程とそれに伴う項構造の変化を扱った文献としては，Williams (1981), Randall (1985), Di Sciullo and Williams (1987), Grimshaw (1990), Spencer (1991), Oshita (1995), Borer (1997), Law (1997),

Sadler and Spencer (1998) などがある．

2つ目は，形態論の過程と句の関わり合いの事例として，属格形成の屈折過程を取り上げた．統語論との関わりを伴う形態論の過程を扱った文献としては，Sugioka (1986), 影山 (1993), Yoon (1996) などをあげることができる．

9.3 「形容詞 + to + 動詞」の形

この節では，句または文あるいはそれらの一部(以下では便宜的にどれも句と表現する)が，ひとまとまりの語(書かれるときは普通ハイフンで結合される)として扱われる場合のなかから，とくに形容詞と to 不定詞の結合形を取り上げて，統語論と形態論の関わり合いの例として議論する．

9.3.1 語彙単位化

(10) と (11) にあげてあるのが，句がまとまって語として機能している場合(下線部)の例である．

(10) a. When a word-made-from-a-phrase is new and fresh, speakers still can perceive the anatomy of the phrase inside the word. (Pinker 1999)
b. Golgi's silver was put to better use a few years later by a Spanish shoemaker's-apprentice-turned-physician, Santiago Ramony Cajal. (Rupp 1998)

(11) a. When Mozart died in 1791, of kidney failure aggravated by malnutrition, he left behind him six coats (five red, one white), three silver spoons, 346 books, a pool table, and his much-practiced-upon walnut piano. (*ibid.*)
b. This how-much-can-you-cram-in-a-suitcase approach is the central theme of Miller's landmark paper, "The Magic Number Seven, Plus or Minus Two." (*ibid.*)
c. A-hand-holding-a-cocoa-bean logo on its packaging refers consumers to the company's Web site, where someone can

find out that the manufacture of the chocolate candy maintained naturally-occurring polyphenols, or plant compounds, from the cocoa bean, which have been found in preliminary studies to be beneficial in reducing heart disease.

(*http://abcnews.go.com/sections/living/ DailyNews/functionalfood0606.html*)

　このように，統語論で作られる句がひとまとまりの語として扱われるようになる過程を，ここでは暫定的に語彙単位化 (lexical unitization) と呼ぶことにする．それにともなって，このような語を以下では，語彙単位化された句と呼ぶことにしたい．(10) の例は，語彙単位化された句がそのまま名詞として機能している場合である．(11) の例は，語彙単位化された句が名詞を修飾している場合である．

　(11) のような，語彙単位化された句と修飾される名詞のまとまりは，複合語とみなされるのが普通で，句を含むことから，句複合語 (phrasal compound) と呼ばれる (Lieber 1988; Wiese 1996)．

　語彙単位化された句の特徴は，その形成の過程から当然予想されるように，それが，統語論における句 (文も含む) を形成する規則 (句構造規則 (phrase structure rule) と呼ばれる) によってできる語の並び，またはその一部に対応するということである (Sugioka 1986)．(語彙単位化された句の語の並びが，句における語の並びにそのまま対応しない例もあるが，そのような例に関しては Shimamura (1986) を参照のこと．) この特徴は，(10)，(11) をそれぞれ (12)，(13) と対照させることで確認できる．

(12) a. It is a [word made from a phrase].
b. The [shoemaker's apprentice turned physician].
(13) a. His walnut piano was [much practiced upon].
b. [How much can you cram in a suitcase] ?
c. [a hand holding a cocoa bean]

(12) の角括弧でくくった部分は (10) に，(13) の角括弧でくくった部分

は (11) に，それぞれ対応していることに注目していただきたい．語彙単位化された句は，頻繁に使用されるようになると，一般の辞書にも掲載されるようになる．(14) はそのような例である．

(14) a. over-the-counter drugs (*AHD*)
 b. Joe has a lot of get-up-and-go and is working his way through school. (*DAI*)
 c. While Janice works hard each day, her good-for-nothing husband hangs around in the bars. (*ibid.*)

これに対して，(10) と (11) にあげた例は，おそらくその場かぎりの使用で終わってしまう可能性が強いものばかりであると思われる．ここでは Bauer (1983, 45) にならって，(10) と (11) のような例を臨時形成語 (nonce formation) と呼ぶことにする．したがって，ここでは，語彙単位化された句には，(10) と (11) のような臨時形成語と，(14) のような例の両方が含まれると考える．

9.3.2 A-to-V の形

語彙単位化された句の下位類として，「形容詞 + to + 動詞」(以下 A-to-V と略記) という形をしているものがある．これは複合語の一種である．(15)–(17) に，A-to-V の例 (下線部) をあげる．

(15) a. Summer squash goes from seed to ready-to-eat in just six weeks. But winter squashes, slow to mature, are only now coming into season. (*PI*)
 b. Shoes sold in Boscov's during the holiday season are purchased in January or February and most ready-to-wear is ordered in June or July for shipment in October and November. (*ibid.*)

(15) は，A-to-V が単独で語 (名詞) として用いられている例である．

(16) a. Keep fruits and vegetables where you can see them often —

on the top shelf of the refrigerator, or, for fruits that don't need refrigeration (such as bananas and apples), on the table or counter or another easy-to-spot-place.

　　　　　　　　　　　　　　　　　　(*http://my.webmd.com*)

b. But what of Madeline Eastman? She has the dual disadvantages of living in San Francisco rather than New York, and of being on a hard-to-find-label, Mad-Kat, but her rhythmic renovations of "I Only Have Eyes for You" and her poignant reading of the theme from "Bagdad Cafe" bespeak a major personal potential.　　　　　　　　(*LAT*)

(16) は，A-to-V が名詞と結合して複合語を形成している例である．

(17) a. Normally, Veterans Day conjures images of softened warriors gathering in tough-to-button uniforms for brief, sentimental ceremonies under the snap and billow of an American flag.　　　　　　　　　　　　　　　　(*PI*)

b. These easy-to-make muffins are as healthful as they are delicious.　　　　　　(*http://www.chicago.tribune.com*)

c. 1961: Disposable diaper Pampers abolish hard-to-wash cloth and big silver pins.　　(*http://www.newsweek.com*)

d. But some regulation is required to prevent duplicate names and difficult-to-pronounce names, which are nightmares to delivery people, police and firefighters.　　(*LAT*)

e. "I'm trying to get back to the basics of sailing," he says. "I want an easy-to-handle, safe-to-sail boat. I just tried to do the best job of putting the best of boating into one boat."

　　　　　　　　　　　　　　　　　　　　　　(*DFP*)

f. Part futuristic, part primitive — Fisk gamely calls it "the aesthetics of the unfinished" — the structure brings together much of the center's thinking under one, impossible-to-miss roof.　　　　　　　　　　　　　　　　　　(*MH*)

(17) は，A-to-V の形が名詞を修飾している例である．

A-to-V の形は，それが修飾する名詞と複合語を形成すると言われることがあるが，普通の形容詞として機能していると思われる場合も多い．たとえば，(18) においては，A-to-V は複合語の一部であるとは考えられない．

(18)　a.　It's a bold plan, an ambitious plan — and because this is government we're talking about here — an incredibly boring, hard-to-follow and probably doomed plan.

(*LAT*)

　　　　b.　In front of "the counter" at the unemployment office, hundreds of eager-to-work, desperate people wait in line for hours to file claims or have their questions answered.

(*ibid.*)

(18) では，A-to-V と修飾される名詞の間に，別の修飾要素が入り込んでいる．たとえば，solar heat という複合語は，*solar and lunar heat という等位接続を含む形にすることはできない．また，*solar dry heat のように，間に修飾要素を入れることも許されない（Sadler and Arnold (1994, 210) を参照）．したがって，(18) の A-to-V はどちらも複合語の一部ではないということになる．

ここで注意していただきたいのは，英語では，形容詞が後ろに補部 (complement) などの要素を伴っている場合は，そのままの形では名詞を修飾することは許されない (Nanni 1980; Sadler and Arnold 1994) ということである．それゆえ，(19)–(22) の各 (b) のような名詞句は，不適格になる．わかりやすいように，後ろに要素を伴う形容詞句の部分を角括弧でくくってある．

(19)　a.　a grateful child
　　　　b.　*a [grateful for the present] child
(20)　a.　a polite person
　　　　b.　*a [polite in manner] person

(21) a. a better book
　　　b. *a [better than mine] book
(22) a. a hard teacher
　　　b. *a [hard on her students] teacher

ところが，句が語彙単位化されると，形容詞の後ろに何か要素があっても，次の例が示すように許される場合がある．

(23) a. "Gillespie" is somewhat tamer, much more a trio showcase as Schifrin's easy-on-the-ear soloing is heard on "A Night in Tunisia," then the lyrical "Con Alma."　　(*LAT*)
　　　b. He campaigned last year as a tough-on-crime candidate and touted his 1994 federal crime law, which, he boasted, was "producing results" and cutting the national crime rate (remember "100,000 more cops on the street"?).　　(*PI*)

ここで取り上げている A-to-V の形も，もとは形容詞の後ろに要素を伴う形容詞句であり，語彙単位化されなければ，(19)–(22) の各 (b) と同様に，名詞を修飾することはできない．したがって，語彙単位化された句というのは，英語のこのような表現上の隙間を埋めてくれる仕組みである，と理解することもできる．

9.3.3　A-to-V に現れる形容詞に関する制限

(17) の A-to-V の形は，どれもいわゆる tough 構文 (Berman 1973; Nanni 1978, 1980) をとる形容詞 (tough, hard, easy, difficult など) を含んでいる．この種の形容詞は，行為の難しさ・易しさを表すという意味特徴を共有する．(24)–(29) に，(17) のそれぞれの A-to-V の形に対応する文を示しておくが，その文に共通する特徴は，主語が不定詞の目的語として解釈できるということと，それぞれの (b) に示してあるように，対応する形式主語 it を用いた文が存在することである．

(24) a. These uniforms are tough to button.
　　　b. It is tough to button these uniforms.

(25) a. These muffins are easy to make.
　　　b. It is easy to make these muffins.
(26) a. The cloth is hard to wash.
　　　b. It is hard to wash the cloth.
(27) a. These names are difficult to pronounce.
　　　b. It is difficult to pronounce these names.
(28) a. The boat is safe to sail.
　　　b. It is safe to sail the boat.
(29) a. The roof is impossible to miss.
　　　b. It is impossible to miss the roof.

Sugioka (1986, 33) によると，tough 構文をとる形容詞のほかに，次のような形容詞も A-to-V の形を作ることができるという．

(30) a. The girl is pretty to look at.
　　　b. a pretty-to-look-at girl
(31) a. The soup is delicious to taste.
　　　b. a delicious-to-taste soup
(32) a. The meal is ready to serve.
　　　b. a ready-to-serve meal

(30)–(32) の (a) として示されているもとの文は，その主語が不定詞の目的語として解釈される点で，(24)–(29) の (a) の tough 構文とよく似ているが，意味特徴が異なるほかに，(33) に示されているように，形式主語 it をもつ対応する文がない点でも異なる．

(33) a. *It is pretty to look at the girl.
　　　b. *It is delicious to taste the soup.
　　　c. *It is ready to serve the meal.

((30)–(32) の (a) の構文に関しては Lasnik and Fiengo (1974) と Jackendoff (1975) を参照．)

A-to-V の A の部分には，tough 構文をとるものと (30)–(32) にあげ

たもの以外は，許されないということが言われている．(34) は Sugioka (1986, 33) の例に冠詞を加えたものであるが，どれも不適格になるという．

(34) a. *an eager-to-succeed man
b. *a ready-to-walk baby
c. *a willing-to-talk person

Sugioka は，A-to-V の形は，総称条件（generic condition）の影響を受けると考えている．総称条件というのは，たとえば，woman-hating という形容詞の複合語において，woman は特定の女の人を指すのではなくて，女の人一般を指すという解釈上の特徴が認められるが，このような解釈を誘発する条件のことである．Sugioka によると，この総称条件は，語形成一般にさまざまな形で影響を及ぼしているという．Sugioka は，いま扱っている A-to-V の形にもこの総称条件が適用されると考え，不定詞の意味上の主語とこの条件を絡めることによって，A-to-V の形をとれる形容詞とそうでない形容詞を区別する方式を提案している．次の easy と eager の文の形の違いに注目していただきたい．

(35) a. John is easy [PRO$_{arb}$ to please t].
b. John$_i$ is eager [PRO$_i$ to suceed].

(35a) の easy を含む tough 構文においては，不定詞節の意味上の主語（PRO という記号で示されている）は，不特定の任意の人を表す（これは PRO に添えられた arb（arbitrary）によって示されている）．((35a) の please の後ろにある t は trace（痕跡）で，詳しい説明は省くが，John という名詞句がもとあった場所を示す働きをしている．) (36) に示されているように，(30)–(32) の形容詞にも同じことがあてはまる．

(36) The girl is pretty [PRO$_{arb}$ to look at t].

これに対して，(35b) の，eager を含む類似の構文においては，不定詞節の意味上の主語は主節の主語と同じである（これは John と PRO に同じ

指標 (index) i を与えることで示されている）．したがってこの場合は，意味上の主語は特定の人を表すことになる．(34b, c) に対応する文においても，不定詞の意味上の主語は，主節の主語と同じ人を表す．Sugioka は，この意味上の主語の解釈の違いを，総称条件と関連づけている．すなわち，任意の人の解釈は総称性と調和するのに対して，特定の人の解釈は調和しないというふうに考える．それゆえに，不定詞の意味上の主語が形容詞の主語と同じになる (34) の例は，総称条件を満たすことはできないことになる．その結果，(34) は不適格になるというのである．

9.3.4　A-to-V の形の排他性

A-to-V の形は強い排他性をもっていて，他の要素は受けつけないと言われている．Nanni (1980) によると，(37) のように，A-to-V の形に他の要素が加わると不適格になるという．

(37)　a. *an easy-to-quickly-clean room
　　　b. *an hard-to-find-in-the-attic manuscript
　　　c. *an easy-to-expect-to-finish problem

(37a) では quickly という副詞，(37b) では in the attic という前置詞句，(37c) では to finish という不定詞が余分な要素である．

ただし，下の (38) のような場合は，たしかに動詞の後に余分な要素が含まれてはいるが，get to，get rid of，get around はいずれも慣用的表現で，全体を 1 つの動詞とみなすことが可能である．(30b) の look at も同様に考えることができる．したがって，以下の議論ではこのようなものも V のなかに含めることにする．

(38)　a.　And in those hard-to-get-to areas with wide rivers and streams, helicopters are called in for aerial reconnaissance.
　　　　　　　(http://www.washingtonpost.com)
　　　b.　This could make an attractive and talked-about feature — a shipboard meeting point — and what a wonderful way to shed those hard-to-get-rid-of foreign coins everybody picks

　　　　 up on shore excursions!　　　　　　　　(*MH*)
　c. "When you're on a bicycle, it's a little stealthier; it also allows us to get into some of the more hard-to-get-around areas," Handy said. "It's particularly attuned to high-density areas."　　　　　　　　　　　　　　　(*LAT*)

　Shimamura (1986) は，A-to-V の形がもつこのような排他的な特性について，その理由を考察している．Shimamura は，A-to-V の形は，他の名詞前 (prenominal) の，いわゆる限定的な形容詞と同様，修飾される名詞の総称的な状態 (generic state)，すなわち，名詞にあてはまる，恒久的で特徴的な状態を表すと考える．そして，A-to-V に備わっているこの特性が，(37) の余分な要素が付加した形が不適格になる一因ではないかと述べている．これは，(37) にみられるような要素が加わると，一時的な意味が強くなって，総称的な状態を表しにくくなるためである，と理解してよいと思われる．ただし，余分な要素はどれも総称的な意味を得にくくする，というようにはなっていないことにも注意する必要がある (9.3.6 節を参照).

9.3.5　A-to-V に対する制限が緩やかな話し手の存在

　ここまでの説明で明らかになったことをまとめると，次のようになる．まず，A-to-V の形をとれる形容詞には制限があって，tough 構文に現れる形容詞と，(30)–(32) の形容詞と同類の形容詞とに限られるということがある．これは Sugioka の分析に基づくならば，不定詞の意味上の主語が形容詞の主語と同じにならず，総称的な解釈を受けるような形容詞に限られると言い換えることができる．また，A-to-V の形は他の要素を伴うことが許されない，という制限がある．この 2 つの制限は，おそらく多くの話し手に共通してあてはまるものと思われる．Shimamura と Sugioka が扱っているそのような話し手に関しては，A-to-V の形の複合語の形成には，厳しい制限が課せられるということになる．

　けれども，収集した資料を調べてみると，もっと制限の緩い話し手の存在が示唆されていることがわかる．形容詞に関する制限と，余分な要素に

関する制限の両方が守られていない例が，たくさんみられるのである．このような話し手がどのくらいの割合を占めるのか，また，制限の厳しい話し手と緩い話し手の境界が，どれほどはっきりしているのかも不明であるが，以下では，制限の緩い話し手の場合には，A-to-V の形はどのような特徴をもつのかを考察してみる．Lieber (1988) は，A-to-V の形を伴うものも含めて，句複合語は完全に生産的である(すなわち，自由に新しい形を作ることができる)と述べているが，これはおそらく，制限の緩い話し手にあてはまることではないかと思われる．

まず，形容詞の制限に関わる例からみていくことにしよう．不定詞節の意味上の主語が主節の主語と同じになる形容詞が，A-to-V の A の位置に現れている形(下線部)が許される (eager-to-V の例が多数みられた)．

(39) a. Unlike his brothers, Teddy is a seemingly passive, <u>eager-to-please</u> fellow. (*PH*)
   b. Many people, at one time or another, have felt information delicately balanced in short-term memory dissolve upon interruption. An unexpected knock at the door and that <u>about-to-be-written-down</u> sentence kicks the bucket.
   (Rupp 1998)
   c. Both Linda Bond and Victoria sing in the shelter's choir. Victoria regularly attends services at Berean Presbyterian Church at Broad and Diamond Streets. Victoria is a <u>quick-to-smile</u> charmer who loves to "keep the place lively."
   (*PI*)
   d. Vendors discount <u>slow-to-sell</u> food up to 75 percent, or they throw it away. Most simply give it to charitable organizations. (*ibid.*)
   e. ...Bob Dylan wasn't the only player to ponder his mortality in 1997. But unlike Notorious B.I.G., he lived to sing his extraordinary, <u>ready-to-die</u> songs at not one, but two, Philadelphia stopovers after his May hospitalization with a lung infection. (*ibid.*)

f. Others dismiss it as another destined-to-fail effort to throw tax money at intractable social problems. (*DFP*)
g. "I've never been a tough, ambitious, willing-to-sacrifice kind of person," he mused one recent afternoon in his modest Park Avenue office. (*LAT*)

(39b) の A-to-V は V が受動形で，be と down が余分な要素になっているが，受動形も V に含めると，write down はひとまとまりの動詞とみなすことができるので，A-to-V の形におさまることになる．

ちなみに，(40) のように叙述的に使われている例も，参考のためにあげておく．

(40) a. Now the machines are beginning to seem like friends, eager-to-please and efficient.
(*http://www.chicago.tribune.com*)
b. I found both of their comments to be quick-to-judge and inappropriate. (*LAT*)

(39) の A-to-V に対応する文を (41) に示しておく．どれも，不定詞節の意味上の主語が，主節の主語と同じになることに注目していただきたい．(41d) の不定詞の to sell は，「売れる」という意味の自動詞である．

(41) a. The fellow is eager to please.
b. The sentence was about to be written down.
c. The charmer is quick to smile.
d. The food is slow to sell.
e. He was ready to die.
f. The effort is destined to fail.
g. That kind of person is willing to sacrifice.

(41) の文をみると，A-to-V によって修飾されている名詞が主語になるのが普通であることがわかるが，(39e) に対応する (41e) だけはそうなっていない．この点は 9.3.7 節で触れる．

次に，余分な要素の制限に関わる例である．実は，制限の厳しい話し手を扱っていると考えられる Shimamura (1986) と Sugioka (1986) も，A-to-V に余分な要素が伴う例が存在することは指摘している．(42) は Sugioka (1986, 32) があげている例である．

(42) a. Here, the easy-to-feel-pretty-in bibbed cotton flannel dress in beige or black, S-M $315.
b. If you've just remembered another hard-to-buy-for person on your Christmas list...

(42a) では，pretty と in が余分な要素である．(42b) では，前置詞 for が余分な要素である．(43) は (42b) と同類である (同じような例は，Shimamura (1986, 31) でも指摘されている)．

(43) So for $10, you can get that tough-to-buy-for person on your Christmas list a little piece of history. (*PI*)

(42b) に対応する文は(44)のようになる．

(44) a. It is hard to buy for that person.
b. That person is hard to buy for.

(44) は，buy の目的語が省略されている形であると思われる．(44)における動詞の buy と前置詞 for は，ひとまとまりの要素を形成しているとは考えられないので，(42b) と (43) のA-to-Vに伴う前置詞 for は，(38) に示した，動詞と密接に結びついている前置詞のように扱うわけにはいかない．

9.3.4 節で，A-to-V が名詞を修飾する場合には，総称的な状態の意味を表すという Shimamura の考えを紹介した．これが，他の要素が付加したときにA-to-Vの形が容認されなくなる理由の1つと考えられている．それとの関連で，(42) や (43) の例に関して注意すべき点は，A-to-V に余分な要素が付随しているけれども，全体としては総称的な状態の意味を表していると思われる，ということである．again という副詞がついた次

の例も同様である．

(45) Passe are flashy details such as sequins. Also out is the bridesmaid's curse — hard-to-wear-again dresses. (*LAT*)

したがって，余分な要素は，かならずしも総称的な状態の意味を不可能にすることにはならない，ということに注意しておく必要がある．

(46)に，さらに別の余分な要素が付随している A-to-V の例（下線部）をあげる．

(46) a. A classic experimental demonstration of perceptual filtering was published in 1979 by researchers Raymond Nickerson and Marilyn Jager Adams, who simply asked their subjects — twenty about-to-be-ashamed-of-themselves American adults — what a penny looks like. (Rupp 1998)
 b. Elsewhere, in part because of the times, in part because of the want-to-please-everyone dimensions of his personality, Clinton presented a gauzy vision of a feel-good land of safe streets, miracle medicines and burgeoning economic prosperity, offering himself as a healer-in-chief. (*PI*)
 c. But those who prefer dodging crowds, home-style food and golly-glad-to-know-you hospitality head to smaller areas. (*DFP*)
 d. Her crowning achievement came last Friday after she painfully realized that Dylan had his fickle little heart set on this year's must-have-but-impossible-to-get toy, the baffling, babbling Furby. (*http://www.newsweek.com*)
 e. Right up there with "Howards End," "The Player" and "Unforgiven," Byrge selected the little-known, and probably-destined-to-remain-little-known, "Chopper Chicks From Zombie Town" as one of 1992's 10 Best. He really liked it. (*LAT*)

第 9 章　形態論と統語論のインターフェイス　129

　A-to-V の A に関する制限が緩い話し手と，他の要素の付加を許す話し手とが，同じグループを形成するのかどうかは，実ははっきりしない．A に関する制限については，制限の厳しい話し手と緩い話し手の対比は，はっきりしているように思われる．（協力してもらった 2 人のアメリカ人のインフォーマントは，たまたま，形容詞に関する判断において，だいたいここで区分されているような対比を示した．ただし，制限の厳しい話し手の類に属すると思われるインフォーマントも，eager-to-please の形は容認した．）

　これに対して，他の要素の付加に関しては，9.3.4 節で A-to-V の排他性という特徴を取り上げはしたものの，(42)，(43)，(45) のような例が存在することは，制限の厳しい話し手と緩い話し手の間の境界線をぼんやりさせることになり，そのような区別が本当に必要かどうかがはっきりしなくなる．(2 人のインフォーマントの判断にも，これは現れている．この章の最後にあげる例をみていただきたい．) よりきめの細かな調査と分析が必要である．

　以上のことを了解したうえで，以下では，便宜的に，A の制限が緩い話し手と要素の付加の制限が緩い話し手をひとまとめにして，制限の緩い話し手として扱うことにする．

9.3.6　A-to-V と修飾される名詞との関係

　この節と次の節では，制限の厳しい話し手と緩い話し手の両方をまとめて，両者が異なる場合は留意するようにしながら，A-to-V と主要部名詞との間にどのような関係が認められるのかを探る．

　A-to-V (ここから先は，他の要素が付加した形も含める) の形と修飾される名詞が複合語を形成する場合は，内心的な複合語 (endocentric compound) である．内心的な複合語は，主要部 (一番右側の要素) をもち，その主要部が全体の範疇を決め，さらに，複合語全体の核となる意味を表す．また，主要部でない部分は，主要部を修飾する関係にある．これは，「形容詞 + 名詞」からなる句における，形容詞による名詞の修飾関係と同じである．したがって，A-to-V と名詞が複合語を形成する場合でも，句

を形成する場合でも，A-to-V が名詞を修飾するという関係は共通である．
　名詞前の形容詞がもつ一般的な意味機能として，修飾される名詞の恒常的な特徴を表すということが言われてきている．

　(47)　The navigable rivers are all inaccessible.

(47)の navigable は，修飾される名詞 rivers が常に航行可能であることを意味する．Shimamura (1986) は，前にも触れたように，名詞の恒常的な特徴を表すという形容詞の特性が，A-to-V にもあてはまると考えていて，A-to-V は，恒常的で名詞を特徴づけるような状態，すなわち総称的な状態を表すと述べている．
　制限の緩い話し手によって容認される (39) と (46) の例においても，A-to-V が総称的な状態を表していると思われるものが含まれる．

(39)　a.　Unlike his brothers, Teddy is a seemingly passive, eager-to-please fellow.
(46)　b.　Elsewhere, in part because of the times, in part because of the want-to-please-everyone dimensions of his personality, Clinton presented a gauzy vision of a feel-good land of safe streets, miracle medicines and burgeoning economic prosperity, offering himself as a healer-in-chief.

(39a) の A-to-V の形は，Teddy という人物に関する愛想のよいという恒常的な特徴，すなわち総称的な状態を表していると考えられる．さらに，他の要素が付加している (46b) の A-to-V の形も，Clinton の人格の側面に関わる，誰に対しても愛想がよいという総称的な状態を表していると思われる．
　他方，(39) と (46) の例のなかには，明らかに総称的な性質を表しているとは思われないものもみられる．以下に繰り返して示す (39b) と (46a) がその例である．

(39)　b.　Many people, at one time or another, have felt information delicately balanced in short-term memory dissolve upon interruption. An unexpected knock at the door and that about-to-be-written-down sentence kicks the bucket.

(46) a. A classic experimental demonstration of perceptual filtering was published in 1979 by researchers Raymond Nickerson and Marilyn Jager Adams, who simply asked their subjects — twenty about-to-be-ashamed-of-themselves American adults — what a penny looks like.

　sentence がいまにも書かれようとしているという恒常的な特徴をもつとか，American adults がすぐに恥ずかしい思いをすることになるという恒常的な特徴をもつとかいうのは，奇妙である．このような例をみると，制限の緩い話し手に関しては，A-to-V は総称的な状態を表すというだけではすまされないことがわかる．

　名詞前の形容詞は，程度の差はあれ，全般的に分類的な機能をもつということが，安井ほか (1976) で指摘されている．分類的な機能というのは，修飾される名詞が表す概念の適用を，一定の部分集合に限定する機能のことである．総称的な状態を表す形容詞も，同時に分類的な機能を備えているので，分類的な機能はより範囲の広い概念である．そこで，先ほどの (39b) と (46a) のような例については，修飾要素である A-to-V の形は，一般の名詞前形容詞と同じように，分類的な機能を果たしているとみなすことにしよう．

　A-to-V と名詞が複合語を形成する場合には，内心的な複合語にみられる一般的な特徴からも，A-to-V の形が分類的な機能をもつことがわかる．内心的な複合語は，一般に主要部が表すものの下位類を表す (たとえば，applesauce は sauce の下位類を表す) という特徴をもつ．すなわち，主要部でない修飾要素の部分は，主要部を下位の類に分類する働きをする．A-to-V を含む句複合語も内心的な複合語の例であるから，修飾要素である A-to-V の部分は同じ働きをすることになる．(Roeper (1988) も，句複合語の修飾要素が分類的な機能をもつということを指摘している．)

　まとめると，A-to-V の部分は，句複合語の場合でも句の場合でも，名詞に対する修飾要素として機能し，同時に，総称的な状態を表す場合も含

めて，分類的な機能をもつということになる．

9.3.7　A-to-V における V または A と修飾される名詞との意味上の関係

A-to-V 全体と修飾される名詞の間には，修飾要素と被修飾要素という関係以外に，別の関係も認められる．

まず，tough 構文をとる形容詞と (30)–(32) の形容詞の場合は，典型的に，修飾される名詞は A-to-V の V に対して，直接目的語としての意味関係をもつ．以下にあげる例がそれに該当する．

(48) a. those hard-to-get-to areas
　　　　　　　　　　　　　(*http://www.washingtonpost.com*)
　　　b. It is hard to get to the areas.
(49) a. easy-to-use automatic weapons　　　　(*SA*)
　　　b. It is easy to use automatic weapons.
(50) a. ready-to-assemble furniture　　　　(*PI*)
　　　b. This furniture is ready to assemble.

下の (51) のような，いわゆる動詞的複合語 (verbal compound)（主要部が動詞から派生される -ing 形か -ed 形か -er 形であるような複合語）において，修飾要素が，主要部のもとになっている動詞の直接目的語として解釈されるという意味関係が成立する場合がみうけられる．tough 構文をとる形容詞を含む A-to-V に修飾される名詞が，V の直接目的語として解釈されるという関係は，それと似ているところがある．

(51) a. a coffee-maker　（< make coffee）
　　　b. U.N. peacekeepers　（< keep peace）　　(*SA*)
　　　c. earth-splitting Victoria Falls　（< split the earth）
　　　　　　　　　　　　　　　　　　　　　　　(*NG*)
　　　d. the food-recycling system　（< recycle food）
　　　　　　　　　　　　　　　　　　　(Clark 1994)

(51) の下線を施した部分が，動詞的複合語である．そこでは，第 1 要素

が第2要素に対して修飾要素の機能をもつと同時に，括弧内に示してあるように，第2要素の内部の動詞の直接目的語として解釈されるという関係が認められる．(51)の場合ほど直接的ではないけれども，(48)–(50)の(a)の例では，修飾・被修飾の関係に加えて，第2要素が，第1要素の内部の動詞の直接目的語としての意味関係をもち，(51)とは向きが反対の関係になっている．

それ以外の形容詞では，典型的に，修飾される名詞はAに対して主語としての意味関係をもつ．

(52)　a.　a quick-to-smile charmer　　　　　　　　　(*PI*)
　　　b.　The charmer is quick to smile.
(53)　a.　the slow-to-change, male-dominated music industry
　　　　　　　　　　　　　　　　　　　　　　　　(*ibid.*)
　　　b.　The male-domimated music industry is slow to change.
(54)　a.　an eager-to-please rookie　　　　　　　　　(*MH*)
　　　b.　The rookie is eager to please.

制限の厳しい話し手の場合と緩い話し手の場合とを比較すると，前者では，修飾される名詞がA-to-VのVの目的語に相当するという意味関係に限定される．後者では，それに加えて，不定詞節の意味上の主語が形容詞の主語と同じになるときは，一般に，修飾される名詞がAの主語に相当するという意味関係も許されることになる．

ただし，すべての場合にこの2種類の意味関係のどちらかになるというわけではない．次の例では，下線部のA-to-Vと修飾される名詞との間には，単なる修飾関係だけしか認められない．

(55)　a.　One of the measures: holding the peaches in a storeroom until they reach <u>ready-to-eat</u> ripeness before putting them out for sale.　　　　　　　　　　　　　　(*PI*)
　　　b.　Spanish-born Christina Ortiz, formerly Italian designer Miucca Prada's right hand, will unveil her debut collection for Lanvin during the Autumn-Winter <u>ready-to-wear</u> sea-

son next March. (*ibid.*)
c. But unlike Notorious B.I.G., he lived to sing his extraordinary, ready-to-die songs at not one, but two, Philadelphia stopovers after his May hospitalization with a lung infection. (*ibid.*)
d. Generally speaking, the producers and stars of high-quality series are likely to abandon ship faster than the people populating just-glad-to-be-here shows such as "Step by Step" or Thicke's "Growing Pains." (*DFP*)

(55a) と (55b) の A-to-V の形容詞 ready は, 解釈上, ready-to-eat fruit における ready と同類である(すなわち, この ready は (30)–(32) の類の形容詞である)と思われるが, 修飾される ripeness と season という名詞は, それぞれ eat と wear に対して直接目的語としての関係はもたない. (55c) と (55d) は, どちらも形容詞の主語が不定詞節の意味上の主語と同じになる A-to-V を伴う例であるが, 修飾されている名詞は, 形容詞に対して主語としての関係をもたない. 以上述べたことは, (56) をみれば明らかである.

(56) a. *Ripeness is ready to eat.
b. *The season is ready to wear.
c. *Songs are ready to die.
d. *The shows are just glad to be here.

9.3.6 節と 9.3.7 節において, 制限が緩い話し手の場合を中心として, A-to-V と修飾される名詞との関係について説明を加えた. まず, 名詞に対する修飾要素としての機能は, 総称的な性質という特徴づけがあてはまらない場合があるので, 名詞前の形容詞全般に認められる分類的な機能をあてることを提案した. 総称的な性質は, この分類的な機能のなかに含まれる. ついで, A-to-V の V と名詞の間には, 一般に, A-to-V の形容詞の性質によって区別される, 2 種類の意味関係が成立することを示した. また, そのような関係が成り立たない場合もあることを指摘した.

9.3.8 引用表現としての分析

　本節では，A-to-V の形を具体的にどのように派生するかについては触れないが，A-to-V の形も含めた，句複合語の扱い方に関する 1 つの提案を取り上げて，手短かに考察してみたい．

　Wiese (1996) は，句複合語の修飾要素の部分は，引用表現 (quotation) であると主張する．引用表現であるとすれば，句や文全体あるいはその一部を任意にハイフンでつないで，修飾要素として使えることになり，基本的に制限はない．A-to-V の形を修飾要素とする句複合語との関係でみると，Wiese の提案は，制限の緩い話し手を説明するのには都合がよい．形容詞の制限もないし，他の要素の付加も自由であるから，(39) と (46) のような例も許されることが説明できる．ところで，引用というのは，使われた言葉を引いて用いるということであるから，語用論が深く関わってくる．したがって Wiese の提案のもとでは，A-to-V の形も含めて，句複合語の形成は，形態論と統語論の関わり合いというよりも，形態論と語用論の関わり合いの事例という様相を呈することになると思われる．

　Wiese の提案は，制限が緩い話し手を説明するのには有効であるかもしれないが，制限が厳しい話し手の場合は，A-to-V の形を考慮するだけでも，自由な引用というようにみなすのは無理であると思われる．Wiese の提案では，このあたりはどのように調整されることになるのかは不明である．

9.3.9　ま　と　め

　統語論と形態論が関わり合う，語彙単位化された句の一例として，「形容詞＋to＋動詞」の形を取り上げて議論した．形容詞が一定のものに限定され，形容詞と不定詞以外の要素の付加を許さない，制限の厳しい話し手の場合と，そのような制限のない話し手の場合とを対比させて議論した．ただし，この区分が妥当なものであるかどうかは，はっきりしないところがある．指摘したように，とくに要素の付加に関する制限については，境界があまりはっきりしないからである．

　最後に，筆者が作った例で，制限が緩い話し手のグループに属すると思

われるインフォーマントが，適格と判断したものを提示しておく．おそらく，インフォーマントが変われば，判断も異なる可能性はある．実際，別のインフォーマント(形容詞に関する制限が厳しいので，制限の厳しい話し手のグループに入ると思われる)の判断では，(57b)と(57e)は容認可能性が低いということであった．

(57) a. easy-to-find-on-the-Web term paper mills
b. a hard-to-acquire-for-preservation land
c. easy-to-grade-by-computer questions
d. an easy-to-keep-clean dustbox
e. hard-to-learn-to-pronounce words
f. a hard-to-get-to-know man

9.4 おわりに

第8章で紹介した文法のモデルを仮定すると，9.2節で扱った句に適用される屈折の過程と，9.3節で扱ったA-to-Vの形のうち，臨時形成語と思われるものを作り出す複合の過程は，形態論の部門では接近できない要素，すなわち統語論で作られる句を利用しなければならないので，定まったインターフェイスだけではまにあわない．とくに，形態論の屈折と複合の過程が，統語論が作り出す要素を利用できるような形のインターフェイスが必要になる．(具体的な提案に関しては Spencer (1991) を参照のこと．)

それに対して，9.1節で扱った，派生と動詞の項構造の関わりに関しては，派生の過程の対象となる動詞に項構造の表示が備わっているので，とくに新たなインターフェイスが必要になるということはない．動詞の統語特性の表示である項構造を介した，形態論と統語論の接触の例である．

第 10 章
形態論と意味論のインターフェイス

10.1 はじめに

　本章では，形態論と意味論の関わり合いについて考察を加える．ここで取り上げるのは，形態論の派生の過程と動詞の意味との間にみられる関係である．動詞の意味にはいくつかの側面があるが，ここでは，時間に関する意味，すなわち動詞の相 (aspect) と，語彙概念構造 (lexcial conceptual structure)（詳しい説明は 10.3.3 節で行なう）として表示される意味に対象を絞る．

　本章の構成は次のようになっている．まず，10.2 節では，形態論と意味論の関わり合いの一事例として，派生と，動詞の意味の一部である相特性との関係を説明する．次に，10.3 節において，動詞から名詞を派生する接尾辞 -er の付加という形態論の過程と，もとの動詞の語彙概念構造との関係を議論する．なお，形態論と語彙概念構造との関わり合いについての文献として，Levin and Hovav (1998)，影山・由本(1997)，Yumoto (1997) などがあるので参考にしていただきたい．

10.2 派生と相特性

10.2.1 動詞の相特性

　動詞は単独で，あるいは直接目的語などの他の要素と結びついて，状態とか状態の変化とかの状況 (situation) を表す．状況は固有の時間特性，すなわち相特性 (aspectual property) を内在化している．この相特性に基づいて，状況は普通 4 つの型に分けられる．その 4 つの状況とは，活動

(activity), 状態 (state), 達成 (accomplishment), 到達 (achievement) である. (詳しい特徴については, Dowty (1979), Tenny (1994), Smith (1997), Olsen (1997) などを参照のこと.) 1つずつ簡単に説明を加えていく.

活動は, 動的 (dynamic) で継続的な (durative) 状況である. 活動を表す動詞(句)には, run, walk, dance, cry, pound (the wall), study (French), push (the cart) などがある.

状態は, 静的 (static) で継続的な状況である. 状態を表す動詞(句)には, exist, like (music), know (the telephone number), own (the house), resemble (the brother) などがある.

達成は, ある活動を経て自然な終わり (natural endpoint) を迎える状況を表す. 活動と(結果の)状態とが組み合わさったもの, とみなすことができる. 達成を表す動詞(句)には, build (a house), write (a letter), eat (the apple), fix (the sink) などがある.

到達は, 非継続の瞬間的な状態の変化(たとえば arrive という到達動詞の場合には, 到着していない状態から到着した状態への変化)を伴う状況を表す. 新しい状態の出現とともに状況が終わる, という特徴をもつ. 到達を表す動詞(句)には, arrive, leave, die, break, reach (the top), win (the race), explode (a bomb) などがある.

動詞, あるいは動詞と他の要素との結合したものは, だいたいこれら4つの状況のいずれかを表すが, その状況に内在する相特性が, 形態論の派生の過程と関わり合う場合がある. 次節では, そのような場合の1つの例を取り上げる.

10.2.2 out- 接頭辞付加

接頭辞 out- は, 普通は自動詞に付加して, 他動詞を派生する. 派生される他動詞がとる構文を「A + out-V + B」と表示すると, その意味は一般的に, 「A + V + 副詞の比較級 + than + B」のように表すことができる. (または, A surpasses B in V-ing あるいは A Vs to a greater extent than B のように表すこともできる (Bresnan 1982).) これからわかるように, 接

第 10 章 形態論と意味論のインターフェイス

接頭辞 out- の付加（*out*-prefixation）により派生される動詞を含む構文は，もとの動詞が表す行為などに関して，主語が表すものと直接目的語が表すものを比較するという特徴をもつ．次の (1)–(3) の例 (Fraser 1974) によってそれが示されている．

(1) a. He outshouted her.
　　b. He shouted louder than she did.
(2) a. The lamp outshines the candle.
　　b. The lamp shines brighter than the candle.
(3) a. The winner outran the others.
　　b. The winner ran faster than the others.

このように out- という接頭辞は，付加する動詞の意味に応じて，いろいろな意味の副詞の比較級に対応する．

接頭辞 out- が付加する自動詞のなかには，(1)–(3) のような純粋な自動詞のほかに，いわゆる不定の目的語省略 (indefinite object deletion) (eat や drink などのように，省略されている，あるいは含意される直接目的語が，文脈依存の定名詞句ではなくて，特定の不定名詞句 (eat であれば food や a meal, drink であれば water や alcohol) に限定されるような場合 (Lehrer (1970) や Fillmore (1987) を参照のこと)) によって，他動詞が自動詞化したものも含まれる．(4b) のもとの自動詞 play は，この場合は，直接目的語として music あるいは instrument を含意する．また，(4c) のもとの自動詞 dance は dance を含意する．

(4) a. "No one has ever outdrank me, but I don't do it for pure gluttony," said Foster. (*LAT*)
　　b. She won the piano competition by outplaying all the other musicians. (*NHDAE*)
　　c. That level of achievement might have qualified her as the big news of the engagement except that the unheralded Marina Kotova and Eduard Smirnov simply outdanced and out-charmed everyone else on the program. (*LAT*)

10.2.3　out- 接頭辞付加と相特性との関連

　接頭辞 out- を伴う他動詞の派生に関して，Roberts (1987) は，もとの動詞の相特性と，派生される他動詞の相特性に注目している．Roberts (1987, 231) は，接頭辞 out- は，活動を表す自動詞に付加して，到達を表す他動詞を作り出すという，一般的な特徴 (Roberts 自身は達成動詞に変えられると述べているが，後で示す証拠となる例をみるとわかるように，到達とみなすほうが正しい) がみられるようであると述べている．

　(1)–(3) の，接頭辞 out- を伴う他動詞のもとになっている自動詞 shout, shine, run は，活動を表す．また，目的語省略による自動詞 eat, drink, play, dance もみな，活動を表す．

　Roberts によると，状態を表す自動詞には，接頭辞 out- は付加されないという．

　（5）　*God outexists matter and energy.

exist は状態を表す自動詞である．Fagan (1988, 191) も同じ見解をとっている．

　（6）　a.　*His advice outmattered ours.
　　　　b.　*Her car outcost mine.

matter (be of importance (*AHD*)) も cost も，状態を表す自動詞である．

　さらに，達成や到達の自動詞にも，out- 接頭辞は付加されないという．

　（7）　a.　*John outnoticed Bill.　　　　　　（Fagan 1988）
　　　　b.　*The ice outmelted the rock.　　　（Roberts 1986）

(7a) の outnotice のもとの動詞 notice は，到達動詞である．(7b) の outmelt のもとの動詞 melt は，普通は到達動詞に分類されるが，Roberts は達成動詞とみなしている．おそらく，自動詞 melt が表す状態変化には，時間の幅を伴うことがあることを根拠に，そうしたのではないかと思われる．

　Roberts は，接頭辞 out- を伴う他動詞は到達を表すと主張する証拠と

して，次の例をあげている．

(8) a. ??John outran Bill for an hour.
b. ??John spent an hour outrunning Bill.
c. John outran Bill in an hour.
d. John took an hour to outrun Bill.

(8)のそれぞれの構文は，動詞が表す状況の型をその相特性に基づいて調べる診断法（diagnostics）である．Dowty (1979, 60)によると，(8)の4つの診断法によって次のことが示される．

(8a)のfor an hourのような継続する期間を表す副詞的語句は，活動と状態を表す動詞と共起するという特徴をもつ．(8a)の容認可能性が非常に低いことから判断して，outrunはこの副詞的語句とは共起できないと考えられる．したがって，outrunは達成か到達のいずれかということになる．(8b)のspend an hour V-ing...という構文は，活動と達成を表す動詞と共起するという特徴をもつ．(Dowtyによればこの構文には状態も生ずることになっているが，たとえば，John spent an hour liking music. のような文は容認されないので，状態は除いておく．)(8b)の容認可能性の低さから，outrunはこの構文には生じないことがわかる．ゆえに，この動詞は，到達あるいは状態のいずれかということになる．(8c)のin an hourのような，出来事の終わりを指定する副詞的語句は，達成と到達を表す動詞と共起するという特徴をもつ．outrunは共起できるので，達成か到達のいずれかということになる．最後に(8d)のtaken an hour to... という構文は，達成と到達を表す動詞と共起するという特徴をもつ．outrunは共起するので，達成か到達のいずれかということになる．以上の診断法の結果を総合して判断すると，outrunは到達動詞であることがわかる．

Di Sciullo and Tenny (1998)も，接頭辞out-の付加によって派生される動詞が，完結的な（telic）相の特性をもつようになるということを指摘している．完結的な相というのは，達成と到達の両方を含む，終わりを伴う状況に付随する相である．Di Sciullo and Tennyは達成か到達かまで

は言及していないが，指摘していることは，内容的に，Robertsが指摘したことと重なる．

以上紹介したRobertsの観察に基づくならば，out-接頭辞付加による派生の過程は，もとの自動詞の相特性に反応する一方で，派生される他動詞の相特性を決めるというように，相特性と深く関わり合っていることになる．

10.2.4 Robertsの一般化に合わない例

RobertsやFaganは，接頭辞out-は状態動詞には付加しないと述べているが，実際には，状態動詞に接頭辞out-が付加している例が存在する．

(9) One boxer outweighed the other by 20 lbs. (weigh more than)
(*NHDAE*)

さらに，Bresnan (1982, 168)は，いわゆる中間動詞 (middle verb) にも接頭辞out-が付加すると述べて，次の例をあげている（括弧内の副詞の比較形を使った言い換えは筆者が添えたものである）．

(10) a. Rubber outwears leather when used for shoe soles. (last longer than)
b. Front-wheel-drive cars outhandle all others in snow conditions. (handle more easily than)

中間動詞というのは，This dress wears well. とか This car handles smoothly. などの中間構文 (middle construction) に現れる，他動詞から派生される自動詞である．中間構文は，(i) 主語の特性を記述する，(ii) 動詞が単純現在時制であるのが普通，(iii) ある種の副詞的語句を伴うのが普通，などの特徴をもつ(詳しくはFellbaum (1986)やFagan (1988)などを参照)．中間動詞の相特性は，状態である．したがって(10)のoutwearとouthandleは，状態動詞に接頭辞out-が付加してできたものと言うことができる．派生されるoutweigh, outwear, outhandle自体も，その意味から状態動詞であることがわかる．したがって，もとの動詞が状態

動詞である場合は，out- 接頭辞付加によって派生された動詞も，状態を表す．このように，状態動詞には，Roberts が指摘した一般的特徴はあてはまらない．

状態動詞以外にも，活動動詞でない自動詞で out- 接頭辞付加を受けるものがある．たとえば，outgrow (grow faster than), outdraw (draw a gun faster than), outscore (score more points than)（括弧内の言い換えは *AHD* と Fellbaum (1998) による）のもとの自動詞 grow, draw, score は，活動ではなく，到達か達成を表す動詞である．

このような事実に基づいて，Yumoto (1997) は，out- 接頭辞付加の適用を受ける動詞に関しては，自動詞であること以外には制限はないと述べている．Roberts が指摘した一般的特徴は，あくまでも一般的な特徴あるいは傾向であって，out- 接頭辞付加のすべての場合にあてはまるわけではないことは明らかである．接頭辞 out- が付加する動詞のほうには，相特性に基づく制限はないと考えるのが正しいように思われる．派生される動詞の相特性に関しては，もとの動詞が状態であれば状態動詞，それ以外は到達動詞になるという規則性があるので，この部分は out- 接頭辞付加の規則に何らかの形で反映させる必要性は残る．それを具体的にどのように表すかは，動詞の相特性をどのように表示するかによって違ってくるが，ここではそこまでは踏み込まないでおく．（具体的な提案の一例としてYumoto (1997) を参照のこと．）

10. 2. 5　ま　と　め

以上，派生と動詞の相特性との関わり合いの，1 つの事例を取り上げて論じた．第 9 章で，動詞の統語特性の表示である項構造を介して，形態論と統語論とが関わり合うことをみたが，相特性も，動詞の意味の一部として，何らかの形で表示されている（表示法に関しては，Dowty (1979), Pustejovsky (1991), Olsen (1997), Hovav and Levin (1998) などを参照）と仮定すると，out- 接頭辞付加の過程は，動詞の相特性の表示を介して形態論と意味論が関わり合っている場合の一例とみなすことができる．

10.3 派生と語彙概念構造

次に,派生と,動詞の意味表示の一部である語彙概念構造の関係について考察する.議論の材料として,ここでは,Brousseau and Ritter (1991)(以下 B&R と略記)の,-er 名詞形の適格性に関する提案を取り上げる.したがって,派生の過程としては,-er 接尾辞付加が取り扱われることになる.

まず,いくつかの研究によって明らかにされた,-er 名詞形ともとの動詞の項構造との関係を解説する.次に,B&R による,ある種の動詞の交替現象の説明法を紹介する.B&R は,その交替現象が,動詞の語彙概念構造に基づいて説明できることを明らかにしている.その紹介は,語彙概念構造の概略の説明を兼ねることになる.さらに,-er 接尾辞付加規則は,動詞の語彙概念構造への操作を伴うと仮定したうえで,B&R が提案している -er 名詞形の適格性に関する一般化の妥当性を検討する.

10.3.1 -er 名詞形

動詞に接尾辞 -er を付加して派生される名詞(たとえば player)は,-er 名詞形(-er nominal)と呼ばれる.この名詞形は,もとの動詞の項構造(9.2.1 節を参照)との間に,ある定まった関係を保持するという特徴があることが指摘されてきた.

10.3.2 -er 名詞形ともとの動詞の項構造との関係

Bauer (1983) などで指摘されているように,-er 名詞形は一般に,もとの動詞の主語に対応する,あるいは主語を表すという特徴をもつ.Levin and Rappaport (1988) は,この特徴を,主語の代わりに外項という概念を使って捉えなおし,-er 名詞形はもとの動詞の外項を表すと述べている.後で触れるが,ある考えかたに従うと,主語ならば外項という関係はかならずしも成り立たなくなり,その点で主語よりも外項という概念を用いたほうが,-er 名詞形に関するより正確な一般的特徴を捉えられるという利点がある.

(11)　a.　Bill ran.　　　　b.　runner
(12)　a.　John owns a computer.　　b.　owner

(11)は自動詞の場合である．runnerという-er名詞形を(11a)の文と照らし合わせてみると，runnerは，runという動詞の主語，すなわち外項であるBillを表すことがわかる．(12)は他動詞の場合である．ownerという-er名詞形を(12a)の文と照合してみると，この名詞形は，ownの主語，すなわち外項であるJohnを表すことはできるが，直接目的語，すなわち直接の内項であるa computerを表すことはできないということがわかる．言い換えると，ownerは所有者を表すので，(12a)のJohnは表すことができても，所有される対象になっているa computerを表すことはできないということである．

　-er名詞形はもとの動詞の外項を表すという一般的な特徴は，動詞が外項をもつかどうかを調べるための診断法に用いられることがある．英語の自動詞のなかには，-er名詞形をもたないものが存在する．

(13)　a.　jump, run, walk, climb, wiggle, ride
　　　b.　jumper, runner, walker, climber, wiggler, rider
(14)　a.　die, happen, arrive, exist, end
　　　b.　*dier, *happener, *arriver, *exister, *ender

(13a)の自動詞は，(13b)で示されているように，-er名詞形をもつ．これに対して(14a)の自動詞は，(14b)が示すように，-er名詞形はもたない．-er名詞形はもとの動詞の外項を表すという一般的な特徴を利用して，(14a)の自動詞が-er名詞形をもたないのは，これらの自動詞が外項を欠いているからであるという説明を与えることができる．もちろん(14a)の自動詞は，文に生ずるときは主語をもつ．けれども，(14a)の自動詞は外項をもたないという仮定のもとでは，この主語は外項ではなくて，本来は直接の内項であるとみなされる(これは，受動文の主語が本来は能動形動詞の直接目的語，すなわち直接の内項であるのと似ている)．(詳しくは本シリーズの第6巻『語彙範疇(I): 動詞』の，非対格動詞を参照のこと．)この考えかたに従うと，-er名詞形は，外項をもたない動詞

からは派生されないという特徴も備えているということになる.

ここで, -er 名詞形ともとの動詞の項構造との間の関係をまとめると, 次のような一般化として表すことができる.

(15) -er 名詞形は外項をもつ動詞からだけ派生され, 常にその動詞の外項を表す.

ただし, 動詞から派生される -er 名詞形すべてに, この特徴があてはまるわけではないことも, 付記しておかなければならない. たとえば, Ryder (1991, 1999) によると, keeper は "something that should be kept" という意味を表すという. *AHD* にも似たような意味 (one that is worth keeping, especially a fish large enough to be legally caught) が載っているが, この場合は, 表されているのは keep の外項ではなくて, 直接の内項に相当するものである. ついでながら, cooker という -er 名詞形は, 「人が何かを調理する」の意味の cook の外項は表さず (ただし辞書をみると, それに近い意味はある (a person employed to operate cooking apparatuses in the commercial preparation of food and drink (*AHD*); a person who tends a cooking process (*WCD*))), 「調理道具」を表すが, これは cook という名詞の存在の影響による (Kiparsky (1983, 15) と第 11 章の阻止の議論を参照) ので, 外項を表すという特徴の例外であるわけではない. (-er 名詞形ともとの動詞の項構造との関係を扱った文献には, Fabb (1984), Keyser and Roeper (1984), Sproat (1985), Levin and Rappaport (1988), Hovav and Levin (1992) などがある.)

10.3.3 動詞の交替と語彙概念構造: **Brousseau and Ritter (1991)** の提案

この節では, B&R が提案している, ある種の動詞が示す交替 (alternation) (自動詞と他動詞の交替, あるいは他動詞と他動詞の交替) に関する語彙概念構造を利用した説明を概観して, 語彙概念構造の概略を示すことにする.

交替というのは, 2 つの形態論的に関連のある形あるいは同じ形をもつ

動詞が，項の具現の仕方と意味において異なることである（Sadler and Spencer 1998, 207）．たとえば，次の2つの対をなす文（Levin 1993, 2）にみられる動詞は，場所の表現に関して交替を示す．

(16) a. Sharon sprayed water on the plants.
　　 b. Sharon sprayed the plants with water.
(17) a. The farmer loaded apples into the cart.
　　 b. The farmer loaded the cart with apples.

(16)と(17)に含まれる動詞sprayとloadは，場所を占めるものを表す項と，場所を表す項の，2つの内項をとる．それぞれの(a)の文においては，場所を占めるものを表す項が直接目的語として具現化され，場所((16)の場合は植物の表面)を表す項は前置詞句で具現化されている．それに対して，(b)の文においては，場所を表す項が直接目的語として具現化され，場所を占めるものを表す項が前置詞句として具現化されている．このように，(16)と(17)のそれぞれの(a)と(b)の対比は，形態論的に形が同じ動詞が示す交替の例で，場所の交替（locative alternation）と呼ばれている．

B&Rは2つの類の動詞に着目して，1つの類が示す自動詞と他動詞の交替(これは他動性の交替（transitivity alternation）と呼ばれる)と，もう1つの類が示す他動詞と他動詞の交替が，共通の意味要素の付加に起因するという仮説を立てている．

1つの類は，運動を表す自動詞の下位集合で，runとjumpがその具体例である．これらの動詞は，(18)と(19)にみられるような自動詞と他動詞の交替を示す．この交替には，1つの共通の項が，自動詞では主語として具現化され，他動詞では直接目的語として具現化されるという変化が伴う．

(18) a. The lions jumped through the hoop.
　　 b. The trainer jumped the lions through the hoop.
(19) a. The rats ran through the maze.
　　 b. The psychologist ran the rats through the maze.

B&R は，動詞が表す出来事の原因 (causation) に注目し，それには 2 つの型があると考える．直接の原因 (direct causation) と，間接の原因 (indirect causation) である．B&R の説明によると，(18a) の自動詞 jump を含む文においては，主語の the lions が jump という出来事の直接の原因になっているという．(18b) の他動詞 jump を含む文においても，意味的には (18a) と同じくライオンが跳ぶという出来事が含まれるので，直接目的語の the lions が同じように jump という出来事の直接の原因であると考える．このように考えるのは，(18a) と (18b) のどちらにおいても，実際に jump という行為をするのは the lions であるからということが根拠になっている．(18b) の主語の the trainer のほうは，the lions をある程度制御しているだけであり，自らは動かないので，ライオンが跳ぶという出来事の間接の原因でしかないと B&R はみなしている．(19) にも同様の分析があてはまる．このことから，B&R は jump と run という動詞の自動詞形と他動詞形の意味表示を，次のようにすべきであると提案している．

(20) a. [x DO MOVE ...] / *jump*
     b. [y CAUSE [x DO MOVE ...]] / *jump*
(21) a. [x DO MOVE ...] / *run*
     b. [y CAUSE [x DO MOVE ...]] / *run*

(20) と (21) の意味表示は，語彙概念構造と呼ばれる．動詞の意味を，基本的な意味要素に分解して表示したものである．x や y は，語彙概念構造における項を表し，意味項と呼ばれる．これらは，項構造の項と密接な関係がある（だいたいにおいて，語彙概念構造の意味項が項構造の項になる）が，意味項のなかには，項構造の項として反映されないものもある（後で示す (25b) の x がその例である）．DO や MOVE や CAUSE は，意味述語 (semantic predicate) と呼ばれる．

ここでは，DO は直接の原因を表す意味述語で，MOVE は jump と run が運動を表す動詞であることを示す意味述語である．[x DO MOVE ...] は，x が自ら動くという意味を表す．（後の議論にはあまり重要でないが，

第 10 章　形態論と意味論のインターフェイス　149

　DO という意味述語は，B&R によれば，do という動詞とは違って，かならずしも意図性（intentionality）は伴わないということである．したがって，後で触れる (23) におけるように，道具でも DO の主語になれるし，たとえば stink などの自動詞においても，主語の内的な特性が stink という出来事を引き起こすという意味で，主語が直接の原因になっていると考えられるので，たとえ主語が物であっても，DO が用いられることになると予想される．これは後で議論する，-er 名詞形の可能性（stinker (one who or something which stinks)（OED））によっても裏づけられる.)

　CAUSE は間接の原因を表す意味述語で，[y CAUSE [x DO MOVE ...]] は，x が自ら動くという出来事を y が間接的に引き起こすという意味を表す．省略記号（...）が含まれていることからわかるように，(20), (21) は語彙概念構造の表示としては完全ではない．とりあえず，議論に直接関わりのある部分だけが示されている．斜線の後の部分は，同じ類に属する動詞を互いに区別する情報で，B&R は便宜的に動詞そのものを使っている．

　B&R は，(20b) と (21b) の意味表示は，それぞれ対応する (20a) と (21a) から，y CAUSE の部分を付加することによって派生されると考えている．すなわち，問題になっている動詞の自動詞と他動詞の交替を，語彙概念構造に対する y CAUSE の付加という操作によって説明する．この派生の過程を図示すると，次のようになる．

　　(22)　[x DO MOVE ...] / ... → [y CAUSE [x DO MOVE ...]] / ...

　(20) と (21) のそれぞれの (a) と (b) の対は (22) によって関連づけられる．(a) と (b) の表示の違いは，もちろん，先ほど説明した，自動詞と他動詞の意味の違いを反映している．(a) では，主語が行為の直接の原因であること，(b) では，主語は間接の原因であることが，異なる意味述語の使用によって示されている．

　B&R によると，(18) と (19) の交替に認められた意味上の対比が，次

の (23) と (24) にも認められるという．

 (23) a. A Swiss army knife cut the cord.
    b. John cut the cord with a Swiss army knife.
 (24) a. The new gadget drilled the hole.
    b. John drilled the hole with the new gadget.

この交替は，先ほどの jump と run の場合とは異なって，他動詞と他動詞の交替である．その交替には，道具（instrument）を表す項が，(a) では主語として具現化され，(b) では with 前置詞句（これは項ではなく付加詞である）として具現化されるという変化が伴う．B&R は，動詞 cut と drill は，その意味の一部として，それぞれ，切る道具と穴を開ける道具を必要とするので，その語彙概念構造には，道具の情報が含まれなければならないと考えている．

 (25) a. [x DO y CHANGE BE ...] / *cut*
        |
     cutting device
    b. [z CAUSE [x DO y CHANGE BE ...]] / *cut*
             |
       cutting device

(25a) が (23a) の cut の語彙概念構造で，(25b) が (23b) の cut の語彙概念構造である．(23a) に対応する (25a) の x DO y CHANGE BE の部分は，切る道具である x が，自ら直接 y に作用して変化を起こすという意味を表している．主語である道具が cut という出来事の直接の原因であることが，意味述語 DO の使用によって示されている．一方，(23b) に対応する (25b) においては，(23b) の意味のなかに，ナイフが綱を切るという出来事が含まれているので，内部に (25a) と同じ表示が用いられている．(25a) に z CAUSE という表示が付加された形をしており，主語 z が，道具の行為に対する間接の原因であることが示されている．この交替は，先ほども述べたように，jump と run の示す自動詞と他動詞の交替とは異なるわけであるが，(20), (21) と (25) を比較す

ると，語彙概念構造の変化は，jump と run の場合の変化と同じであることがわかる．すなわち，(25a) に (22) の規則が適用されて (25b) が派生されるという関係にある．

B&R は，次に示した，道具の表現を伴わない (26) の文で使われている cut の語彙概念構造は，(23b) の cut と同じく (25b) になると考えている．すなわち，(26) は基本的には (23b) と同じで，道具の表現が省略されているだけとみなされている．

(26)　John cut the cord.

したがって (26) においても，主語 John は出来事の間接の原因であるという点に注意する必要がある．

10.3.4　語彙概念構造と -er 名詞形

ある種の動詞の交替を，語彙概念構造に含まれる意味述語の DO と CAUSE を用いて説明する方式の正しさを裏づけるために，B&R は英語の -er 名詞形の派生の可能性が，意味述語の DO と CAUSE に依存して予測可能であるということを指摘している．すなわち，2 つの意味述語は，単に動詞の交替現象の説明に役立つだけでなく，別の言語現象の説明にも役立つことを示すことによって，それらの有効性を確立しようというのである．

10.3.5　外項に基づく一般化の不備

B&R は，10.3.2 節で触れた，-er 名詞形に関する従来の一般化，すなわち，-er 名詞形は外項をもつ動詞からのみ派生され，かつ常にその外項を表すという一般化は，不十分であると主張する．その主張は，前に取り上げた jump と run という動詞と，それらから派生される -er 名詞形との関係に基づいている．

(18)　a.　The lions jumped through the hoop.
　　　b.　The trainer jumped the lions through the hoop.
(27)　a.　The lion is a good jumper.

b. *The trainer is a good (lion-)jumper.
(19) a. The rats ran through the maze.
  b. The psychologist ran the rats through the maze.
(28) a. The rat is a good runner.
  b. *The psychologist is a good (rat-)runner.

(18) と (27), (19) と (28) を対応させてみると, jumper と runner という -er 名詞形は, (27) と (28) の (a) が示しているように, 自動詞の jump と run の外項を表すことができるのに対して, (27) と (28) の (b) が示しているように, 他動詞の jump と run の外項は表すことができないことがわかる. これは, 外項に基づく一般化によれば予想外のことである. B&R はさらに, (27a) と (28a) の jumper と runner は, (18a) と (19a) の自動詞の外項だけでなく, (18b) と (19b) の他動詞の直接の内項をも表すと考えている.

10.3.6 語彙概念構造に基づく一般化

B&R は, jumper と runner は, 他動詞の外項を表すことができないことと, 他動詞の直接の内項を表すことができることを, 語彙概念構造に含まれる意味述語 DO と CAUSE の違いを利用して説明しようとしている.

(29) に示されているように, 自動詞の外項は, DO という意味述語の外項 (DO の主語である意味項 x) であるのに対して, 他動詞の外項は, CAUSE という意味述語の外項 (CAUSE の主語である意味項 y) である.

(29) a. [x DO MOVE...] / *jump* / *run*
  b. [y CAUSE [x DO MOVE...]] / *jump* / *run*

((29a, b) の語彙概念構造に対応する項構造を, ここで用いている表示法で表すと, それぞれ, (x) と (y ⟨x⟩) となる. とくに, (29b) の y が項構造の外項に対応し, x が直接の内項に対応するという関係に注意していただきたい.)

この意味述語の違いに着目して, B&R は, もとの動詞の項構造の外項を利用した一般化を, 語彙概念構造における「意味述語 DO の外項」(語

彙概念構造の意味述語 DO の主語(意味項 x) のことである) を利用した一般化に置き換えることを提案している．したがって，(15) は次のように変えられる．

 (30) -er 名詞形は，意味述語 DO の外項をもつ動詞だけから派生され，常に意味述語 DO の外項を表す．

この一般化によると，たとえ動詞が項構造に外項をもっていても，それが意味述語 DO の外項に相当するのでなければ，-er 名詞形によって表されることはできないことになる．このように考えると，jumper と runner が，他動詞の外項を表すことができないことも，他動詞の jump と run の直接の内項を表すことができることも，説明できる．((30) の前半の部分を文字どおり解釈すると，他動詞の jump と run も意味述語の DO とその外項を含んでいるので，-er 名詞形は派生できるということになると思われる．けれども，実質的には，自動詞の外項と他動詞の直接の内項を表す -er 名詞形は，自動詞から派生されたものと考えられる．後で (30) はそれに合わせて修正される．このような事情があるので，この節の説明では，意図的に，-er 名詞形がどちらの動詞から派生されたかには言及しないようにしてある．)

 (30) を支持する証拠として，B&R は，次の move という動詞とその -er 名詞形との関係をあげている．

 (31) a. John moved the desk to the attic all by himself.
    b. [x DO y CHANGE BE . . .] / *move*
    c. John is an excellent mover.
 (32) a. John moved the audience to tears all by himself.
    b. John's performance moved the audience to tears.
    c. [x CAUSE [y CHANGE BE . . .]] / *move*
    d. *John is an excellent mover.

((31b) と (32c) の語彙概念構造の表示の違いについては，B&R は，何も説明していないが，おそらく，ひと組の角括弧が 1 つの出来事を表すと

理解してよいと思われる．そのように解釈すると，(31b) は単一の出来事を表し，(32c) は複合的な出来事を表すことになる．jump と run の自動詞と他動詞の語彙概念構造の表示の違いも，同じである．) (31a) は，John が自ら動いて机を動かしたという出来事を表しているので，主語 John が，直接目的語である the desk の場所の変化の直接の原因になっているとみなすことができる．そこで B&R は，この動詞の語彙概念構造の一番左側の，あるいは最上位の意味述語として，(31b) に示されているように，DO をあてている．これは，自動詞の run や，道具が主語の cut の場合と同じである．それに対して，(32a, b) は，John (の演技) がきっかけになって観衆が涙を流したという出来事を表しているので，主語の John または John's performance は，直接目的語である the audience の感情の変化という出来事の間接の原因とみなされる．John または John's performance は，the audience の感情的な変化のきっかけにすぎないというわけである．それゆえ，この動詞の語彙概念構造の最上位の意味述語としては，(32c) が示すように，CAUSE があてられている．((32c) の表示における [y CHANGE BE...] の部分は，DO がないことからわかるように，意味項 y は，自らの感情変化という出来事の直接の原因でないとみなされている，と理解してよいと思われる．涙を流すという出来事は，主語の内的な感情変化に伴うものであり，直接の原因は主語であると考えることもできるように思えるが，B&R はそのようには捉えていない．その理由の 1 つは，CHANGE (BE) という意味述語の外項 y が，mover によって表されないことにあると思われる．)

　これらの動詞と -er 名詞形との関係に注目してみると，(31a) の move の外項は意味述語 DO の外項なので，(31c) が示すように，-er 名詞形によって表すことができるのに対して，(32a, b) の move の外項は意味述語 CAUSE の外項なので，(32d) で示されているように，-er 名詞形によって表すことができない．これは，B&R の語彙概念構造に基づく一般化 (30) の予測するとおりである．このように，意味述語 DO と CAUSE は，一定の動詞の交替現象の説明ばかりでなく，それらの動詞の外項を，その動詞から派生される -er 名詞形が表すことができるかどうかの違いの

第 10 章　形態論と意味論のインターフェイス　155

説明にも役立つのである．

10.3.7　-er 名詞形を派生する規則
　B&R は，-er 名詞形の派生の規則については，具体的なことは何も触れていない．B&R の提案をうまく組み込めるような，-er 名詞形の派生規則の捉えかたができれば議論のうえで都合がよいので，その点を考察してみたい．

10.3.8　派生規則と意味変化
　Sadler and Spencer (1998) は，動詞の項構造に変化を及ぼす形態論の規則のなかで意味変化を伴うものは，その動詞の語彙概念構造への操作を伴うという考えを示している．項構造と意味変化を伴うという特徴をもつ形態論の規則といえば，一般的には派生の規則が該当する．Sadler and Spencer は，結果構文 (resultative construction) をとる動詞をその類の例としてあげている．

　(33)　a.　The blacksmith hammered the metal.
　　　　b.　The blacksmith hammered the metal flat.
　　　　　　　　　　　　　　　　（Sadler and Spencer 1998）
　(34)　a.　They drank.
　　　　b.　They drank the teapot dry.　　　　　（*ibid.*）

(33b) と (34b) が結果構文の例である．主語の動作の影響を受けて，その結果，直接目的語がある状態 (flat / dry (結果述語) によって表されている) に至るという意味を表す構文である．Sadler and Spencer は，この構文をとる (33b) と (34b) の動詞は，それぞれ (33a) と (34a) の動詞から，形態論の規則によって派生されると考えている（異なる分析法としては Goldberg (1995)，Kaga (1999) などを参照）．もとの動詞と結果構文に現れる動詞の意味は異なる ((33) であれば，「金づちでたたく」と「金づちでたたいて 〜 にする」) ので，Sadler and Spencer は，この規則は語彙概念構造に作用すると考える．Sadler and Spencer は具体的な語

彙概念構造は示していないが，Levin and Rapoport（1988）の分析法に従っているようなので，ここではそれを利用して示す．項構造と語彙概念構造の変化は，次のようになる．

(35) a. 他動詞構文　(=(33a))
　　　語彙概念構造：[x 'hammer' y]
　　　項構造：(x ⟨y⟩)
　　b. 結果構文　(=(33b))
　　　語彙概念構造：[x CAUSE [y BECOME z] BY [x 'hammer' y]
　　　項構造：(x ⟨y, z⟩)
(36) a. 自動詞構文　(=(34a))
　　　語彙概念構造：[x 'drink']
　　　項構造：(x)
　　b. 結果構文　(=(34b))
　　　語彙概念構造：[x CAUSE [y BECOME z] BY [x 'drink']]
　　　項構造：(x ⟨y, z⟩)

(35a)と(36a)は，もとの動詞の語彙概念構造(省略して動詞の名前が使用されている)と項構造の表示である．(35b)と(36b)は，結果構文をとる動詞の語彙概念構造と項構造の表示である．後者の語彙概念構造は，主語(x)が，もとの動詞が表す行為をすることによって(BY [...]の部分)，直接目的語(y)が表すものが結果述語(z)で表される状態になる(BECOME)ようにさせる(CAUSE)という意味を表し，もとの動詞の違いを除くと，同じ形になっている．また，項構造も3つの項をもつ同じ形になっている．(結果構文の直接目的語と結果述語が，すべて項としての資格をもつかどうかに関しては，学者により意見が異なる(Carrier and Randall (1992), Rapoport (1993), Goldberg (1995), Levin and Hovav (1995), Washio (1997) などを参照のこと)が，ここでは Sadler and Spencer にならって，どちらも項であるとみなしておく．)

このように，結果構文に現れる動詞の形成には，語彙概念構造への操作が伴う．それを簡略化して表すと次のようになる．

(37)　$LCS_v \rightarrow [x \ CAUSE \ [y \ BECOME \ z] \ BY \ [LCS_v]]$

矢印の左側の LCS_v はもとの動詞の語彙概念構造を記号化したもので，右側は結果構文をとる動詞の語彙概念構造である．(37) によって，(35) と (36) のそれぞれの (a) から (b) の語彙概念構造が作られる．

10.3.9　語彙概念構造に対する操作としての -er 名詞形の派生規則

-er 名詞形の派生も，行為や状態の変化などを表す動詞から，人や物を表す名詞に変化するので，意味の変化を伴うことは明らかである．したがって Sadler and Spencer の考えに従うなら，-er 名詞形の規則も，語彙概念構造への操作を伴う規則の類に属することになる．そこで，語彙概念構造への操作としての -er 名詞形の派生規則の定式化を試みてみよう．具合のよいことに，Spencer (1991, 343) において，そのような規則の大まかな形が紹介されている．

(38)　LCS of verb $\rightarrow$ the x such that [*LCS of verb*]

(38) は，-er 接尾辞付加の過程に伴う意味操作を表している．Spencer は実際には，矢印の右側の結果の部分だけを示しているのであるが，(38) では，矢印の左側にもとの動詞の語彙概念構造 (LCS of verb) を添えて，過程として表示してある．the x such that [*LCS of verb*] の the x の部分は，-er 名詞形が指し示す人あるいは物を表し，全体は「～する人あるいは物」の意味を表している．[*LCS of verb*] はもとの動詞の語彙概念構造であり，内容は矢印の左側の語彙概念構造と同じである．B&R が提案した -er 名詞形に関する語彙概念構造に基づく一般化に従うと，-er 名詞形は DO という意味述語の外項 x だけを表すことができるのであるから，the x such that [*LCS of verb*] の x は，DO という意味述語の外項 x と同じにならなければいけない．B&R によれば，jumper という -er 名詞形は，自動詞 jump の外項と他動詞の jump の直接の内項を表すことができるので，それを語彙概念構造を用いて表示すれば次のようになる．

(39)　a.　the x such that [x DO MOVE ...] / *jump*

b.　the x such that [y CAUSE [x DO MOVE . . .]] / *jump*

ここで注意しなければならないのは，B&R が指摘するように，jumper という -er 名詞形はたしかに他動詞の jump の直接の内項を表すと理解することはできるが，jumper そのものの意味は (39a) ではあっても，(39b) ではありえないということである．すなわち，jumper が表す意味は「jump する人あるいは動物」であって，「誰かにし向けられて jump する人あるいは動物」ではない．したがって，-er 名詞形の派生に関わる語彙概念構造は，DO の外項が，そのまま項構造の外項になっているものに限定する必要がある．それにともなって，B&R の -er 名詞形に関する一般化 (30) は，少し修正しなければならない．修正された一般化は，次のようになる．

(40)　-er 名詞形は，語彙概念構造の最上位の意味述語 DO の外項をもつ動詞からだけ派生され，常に意味述語 DO の外項を表す．

以下の議論では，この修正版を B&R の一般化と呼ぶので，注意していただきたい．

そこで，(38) に少し変更を加えて，矢印の左側の一般的な表示を，DO という意味述語をもつ語彙概念構造に置き換えて得られる次の規則を，動詞の語彙概念構造に作用する -er 名詞形の派生規則と仮定することにしよう．

(41)　a.　-er 接尾辞付加：V → [V-er]$_N$
　　　b.　語彙概念構造の変化：[x DO . . .] → [the x such that [x DO . . .]]

(41a) は，動詞に -er 接尾辞が付加して -er 名詞形が派生される形態上・範疇上の変化を表し，(41b) は，それにともなう語彙概念構造の変化を表している．この語彙概念構造の変化の部分の表示は，かなり大ざっぱであるが，ここでの説明にはこれで十分である．(41b) の矢印の左側の部分は，この規則の適用が，最上位の意味述語が DO である語彙概念構造をもつ動詞に限定される，という制限を反映していると理解していただきたい．

したがって，たとえば，DO の部分が CAUSE であれば，その動詞には規則は適用されない．さらに，内部に DO という意味述語が埋め込まれている語彙概念構造をもつ動詞にも，適用されない．また，(41b) の矢印の右側の部分は，-er 名詞形がもとの動詞の DO という意味述語の外項（意味項 x）を表すということを示している．((41b) は，owner や container のような例を考えると，その妥当性が問題になるかもしれない．もとの動詞は状態動詞であるから，その概念構造の意味述語として DO を用いるのがふさわしいかどうかが，はっきりしないからである．ことによると，(41b) の適用を DO 以外の意味述語にまで拡張する必要が生ずるかもしれない．)

10.3.10　修正された B&R の一般化の妥当性

　前節で修正を施された B&R の一般化の妥当性を検討するために，B&R が扱っていない動詞をいくつか取り上げて，あてはまるかどうかを調べてみることにしよう．

　B&R が取り上げた run や jump という動詞が所属する類は，Levin and Hovav (1995) においては「運動の様態を表す動作主動詞」(agentive verb of manner of motion) と呼ばれているが，この類に属する他の構成員にも，B&R の -er 名詞形に関する一般化があてはまるようである．

(42)　a.　Their horses walked down to the stream.
　　　b.　They walked their horses down to the stream.
(43)　a.　The horse ran up and down.
　　　b.　He ran a horse up and down.
(44)　a.　Her horse swam across the river.
　　　b.　She swam her horse across the river.
(45)　a.　The prisoners marched away.
　　　b.　He marched the prisoners away.

　(42) から (45) の動詞の対は，run や jump と同様に，自動詞と他動詞の交替を示す．また，自動詞の主語は，出来事の直接の原因を表す．たと

えば (42a) では，主語の their horses が，歩くという行為の直接の原因である．これに対して，他動詞の主語は，出来事の間接の原因である．たとえば (42b) では，they という主語は，馬が歩いていくという出来事の間接の原因にはなっているが，直接の原因は馬である．したがって，自動詞の語彙概念構造は，最上位の意味述語として DO をもち，他動詞の語彙概念構造は最上位の意味述語として CAUSE をもつことになる．(Levin and Hovav (1995) は，他動詞の walk は使役の関係は含意しないと述べているが，これは，He walked a friend around the village. のような例にみられる walk (10. 3. 11 節を参照) にあてはまることである．(42b) の walk は "cause to walk" (*AHD*) の意味なので，使役の意味，すなわち CAUSE の意味述語を備えていると考えてよいであろう．)

これらの動詞と -er 名詞形との関係をみてみると，B&R の一般化の予測するとおりに，最上位の意味述語が CAUSE であって DO ではない他動詞からは，-er 名詞形は派生されず，最上位の意味述語が DO である自動詞からは派生できる．また，他動詞の語彙概念構造は，意味述語 DO を埋め込んでいるので，walker, runner, swimmer, marcher は，もとの動詞の自動詞の DO の外項 (項構造の外項) と他動詞の DO の外項 (項構造の直接の内項) を表すことができる．

また，(46) のような，いわゆる迂言的使役文 (periphrastic causatives) において使役動詞として使われる cause や make などの動詞も，おそらく B&R の分析では，語彙概念構造において CAUSE という意味述語を与えられることになるであろう．

(46) a. John caused her to do what she disliked doing most.
b. They made me repeat the whole story.
c. He let the boy speak for himself.
d. She allowed me to use the telephone.

(46) の文の意味は，他動詞の jump や run とほぼ同じで，主語は，動詞の後ろの部分で表されている出来事の，間接の原因であると考えることができる．したがって，これらの動詞の最上位の意味述語は CAUSE であ

ると考えられるので，-er 名詞形は派生できないと予測されるが，(47) に示すように，予測どおり，(46) の動詞からは -er 名詞形を派生させることはできない．

(47)　a.　*John is a horrible causer.
　　　b.　*They are good makers.
　　　c.　*He is a good letter.
　　　d.　*She is a good allower.

したがって，これらの動詞も，B&R の一般化を支持する証拠とみなすことができる．(OED などをみると，使役の意味の cause に対応する causer という -er 名詞形は存在する．けれども，インフォーマントの判断では，少なくとも (46a) に対応する (47a) の形は存在しないということである．) (46) は不定詞節を伴う複文なので，jump や run などの語彙的使役の場合とは違い，表面上直接目的語である名詞句は，主節の動詞の直接の内項ではなく，埋め込まれた不定詞節の不定詞の外項として機能している．(46) の不定詞はどれも，語彙概念構造において，最上位の意味述語として DO をもつので，これらの不定詞の外項は，語彙概念構造の DO という意味述語の外項にあたる．したがって，表面上の直接目的語は，主節の動詞から派生される -er 名詞形によって表されることはなく，不定詞から派生される -er 名詞形によって表されることになる (たとえば，(46a) であれば her = doer ≠ causer)．

10.3.11　問題となりそうな事例

　B&R が扱っていない動詞とその -er 名詞形との関係を観察すると，B&R の一般化に合わない場合がいくつか存在するので，それをここで指摘しておく．
　まずは，B&R が扱っている例自体のなかに，問題になりそうなものが含まれている．それは cut と drill である．以下に繰り返すが，B&R の分析によると，これらの動詞は主語が道具でなくて人のときは，語彙概念構造における最上位の意味述語は CAUSE である．

(48) a. John cut the cord with a Swiss army knife.　(= (23b))
　　　b. John cut the cord.
(49) a. John drilled the hole with the new gadget.　(= (24b))
　　　b. John drilled the hole.
(50)　[z CAUSE [x DO y CHANGE BE . . .]] / *cut* / *drill*
　　　　　　　　　　|
　　　　　　cutting / drilling device

したがって，B&R の一般化によれば，(48) と (49) の動詞からは -er 名詞形は派生できないと予測される．しかし，(51) が示すように，その予測に反して，-er 名詞形は派生できる．

(51) a. John is a good cutter.
　　　b. John is an excellent driller.

どうしてこのようなことになるかというと，おそらく B&R の cut と drill の意味分析に不十分なところがあるのではないかと思われる．これらの動詞の主語は，少なくとも比較的単純な道具の場合には，その道具によってなされる行為に直接関与して，自らも行為を行なっていると考えられる．主語が道具をうまく操作することなしには，道具はその行為をなすことはできない．そういう点で，これらの動詞は jump や run とは異なると考えたほうがよいであろう．すなわち，(48) と (49) の cut と drill という動詞に対しては，意味述語 CAUSE よりも DO を与えたほうがよいという可能性が生ずる．このように修正しなければ，B&R は，-er 名詞形が表すものに関する一般化に合わない (51) の例が，うまく取り扱えない．

　道具を伴う動詞の語彙概念構造の表示に関しては，実際はこれほど簡単には割り切れない部分があるので，もう少し考察してみることにする．単純な道具ではなくて，道具がそれ自体で仕事の大部分をしてくれるようなものであれば，意味述語は CAUSE のままで，DO にしなくてよいかもしれないということが考えられる．たとえば，次の 2 組の文 (Schlesinger 1995, 100) がそのような例である．

(52) a. The waiter washed the dishes with a dishwasher.
 b. The dishwasher washed the dishes.
(53) a. The farmer ploughed the field with a tractor.
 b. The tractor ploughed the field.

(52a)と(53a)が表す状況においては，主語がすることはあまりなく，道具が仕事のほとんどをしてくれると言える．B&Rの考えかたに従うならば，この場合は，動詞の語彙概念構造における最上位の意味述語はCAUSEになると思われる．そこで，(52a)の状況を使って，the waiterという主語を-er名詞形のwasherが表すことができるかどうか，すなわち，(52a)の状況において，(54)が言えるかどうか調べてみた．（ここでは，of句をとる-er名詞形が用いられているが，外項を表すかどうかの議論には影響はない．-er名詞形を2種類に分ける考えかたに関しては，12.4.1節をみていただきたい．）

(54) The waiter was the washer of the dishes.　(= The waiter was the one who washed the dishes.)

結果として，不可能であるという判断を得た(2人のインフォーマントの判断)．これはB&Rの一般化に沿った結果である．さらに，(52a)と対比をなすと思われる(55)の文を考えてみよう．

(55) The waiter washed the dishes with a rag.

(55)の文が表す状況においては，(52a)の場合と違って，主語が仕事のほとんどをする．それゆえ，B&Rの考えによれば，その語彙概念構造の最上位の意味述語はDOになるはずである．(52a)と同じように，(55)の状況で，(54)が言えるかどうか調べたところ，言えるという判断(同じ2人のインフォーマントの判断)を得た．これもB&Rの一般化に合致する結果である．B&Rは，後で触れる動詞breakの扱いをみるとわかるように，主語が，動詞によって表される出来事に対して，直接の原因であるのか，あるいは間接の原因であるのかの違いに応じて，1つの動詞に2つの異なる語彙概念構造を与えることを許すので，washという動詞につい

ても，同じ動詞の語彙概念構造を道具の性質に応じて 2 つ設定することは，問題ないであろう．(ただし，道具の性質に基づく区分は，いつもはっきりしているわけではないので，どちらに振り分けるのがよいのか判断が難しい場合が出てくるという問題がある.)

ここで cut と drill の例に戻ると，これらの動詞にも，2 種類の語彙概念構造を設けるやりかたを適用することが，可能性として考えられる．(48) と (49) の cut と drill は，どちらかといえば (55) の wash に近いので，先ほど指摘したように，語彙概念構造の最上位の意味述語は DO とするのがよいことになる．このようにすれば，(48) と (49) の例は，B&R にとって問題になることはなくなるであろう．

次に，前にあげた他動詞の walk は使役の意味 (cause to walk) であったが，"accompany in walking" (*AHD*) という意味も表す．この場合は，主語と動詞の関係は，自動詞の walk とかなり近いように思われる．すなわち，主語はほかの人といっしょに，自ら歩かないといけない．したがって，主語は動詞が表す行為の直接の原因であると考えてよいと思われる．それゆえ，語彙概念構造の意味述語は DO がふさわしい．使役の意味は伴わないので，少なくとも CAUSE を使うのは無理であろう．にもかかわらず，この他動詞に対応する walker という -er 名詞形は，ない．したがって，B&R の一般化に合わない例である可能性が高いと考えられる．

また，jump や run と同じ類に属する hurry という動詞がある．その他動詞形は，jump や run の他動詞形と同様，B&R の分析によれば，語彙概念構造において CAUSE という意味述語が与えられることになる．したがって，この動詞には -er 名詞形はないと予測される．この予測は，部分的に正しい．許さない話し手が存在するからである．その一方で，*Webster's Third New International Dictionary of English* によると，自動詞だけでなく他動詞に対応する -er 名詞形もある．その語義として，"one who hurries"（自動詞に対応）と "one who causes to hurry"（他動詞に対応）との両方が与えられている．後者の，他動詞に対応する -er 名詞形の存在は，B&R の分析では予想外のことである．（*OED* にも，古い例ではあるが，他動詞に対応すると思われる形が記載されている.)

第 10 章　形態論と意味論のインターフェイス　165

　ところで，break などの他動詞の語彙概念構造は［y CAUSE［x CHANGE...］］のように表示されることが多い (Levin and Hovav (1995)などを参照)．ここには，語彙概念構造の表示法の違いが関わっている．B&R は，フランス語の動詞をもとに議論しているのであるが，フランス語には，英語の break に相当する動詞が 2 つあり，1 つは，その主語が出来事に対する直接の原因を表し，もう 1 つは，間接の原因を表すということである．B&R は，それに合わせて，英語の break という動詞にも，主語が直接の原因を表す場合と間接の原因を表す場合の，2 つがあると考えている．したがって，その語彙概念構造は，最上位の意味述語に DO をもつものと CAUSE をもつものの，2 つがあるとみなされている．その意味の違いは，大ざっぱに言うと，直接の原因の場合は，主語が意図的に関与し，間接の原因の場合は，意図的ではなくはずみで関与するというような違いになると理解してよい．この意味の違いは，次の 2 つの文における対比で表すことができると思われる．

(56)　a.　Mary intentionally broke the window.
　　　b.　Mary accidentally broke the window.

(56a)が表す状況では，主語の Mary は出来事に対する直接の原因であるから，B&R の考えによれば，この break は語彙概念構造において DO を与えられるはずである．一方，(56b)が表す状況においては，Mary は出来事に対する間接の原因であるので，break は語彙概念構造に CAUSE という意味述語をもつことになるはずである．そうすると，(56a)の break は DO という意味述語をもち，主語はこの意味述語の外項であるから，Mary を breaker で表すことができるのに対して，(56b)の break は CAUSE という意味述語をもち，主語はこの意味述語の外項であるから，Mary を breaker で表すことはできないと予測される．

(57)　Mary was the breaker of the window.

2 人のインフォーマントの(57)に関する判断は，1 人は容認するが，もう 1 人は容認できないというように分かれた．(*OED* には "one who

breaks" の意味の breaker の記載はある.）容認するインフォーマントの判断では，(56a) と (56b) の状況の違いは影響がないということであった．したがって，その判断に従うかぎりでは，break という動詞も，B&R の一般化にとって問題になる可能性はあると考えられる．

10.3.12　ま と め

　派生と動詞の意味との関わり合いの例として，B&R による，-er 名詞形の派生の可能性をもとの動詞の語彙概念構造に関連づけた提案を中心に，議論した．B&R は，-er 名詞形がある種の他動詞の外項を表すことができないという事実と，-er 名詞形がもとの動詞の直接の内項を表すことができるという事実に着目して，それは従来の -er 名詞形に関する外項に基づく一般化の不備を示していると考えた．B&R はそこで，もとの動詞の語彙概念構造の意味述語の違いを利用した一般化を提案した．その一般化は，-er 名詞形は意味述語 DO の外項をもつ動詞だけから派生され，意味述語 DO の外項だけを表すというものである．-er 名詞形の派生規則を，もとの動詞の語彙概念構造への操作と仮定すると，B&R の一般化には若干の修正が必要になる．その修正された一般化に関して，B&R が扱っていない動詞をいくつか取り上げて，その妥当性を検討した．さらに，いくつか問題になりそうなところもあることを指摘した．なお，第 12 章で，B&R が扱った -er 名詞形の容認可能性の相違を，もう一度取り上げて，異なる観点から見直し，別の説明の仕方もあることを示す．

10.4　お わ り に

　この節で扱った形態論と意味論の関わり合いの事例は，どれも，形態論の操作が語の意味特性（相特性と語の意味）と関わりをもつものであった．第 8 章で仮定した文法のモデルでは，その意味特性は，形態論の操作の対象となる語（動詞）に意味表示として表されているので，形態論と意味論の新たなインターフェイスが必要になるということはない．これは，動詞の意味表示を介して，形態論と意味論が接触する場合の例である．

第 11 章
形態論と音韻論のインターフェイス

11.1 はじめに

　本章では，形態論と音韻論が関わり合う場合の事例を取り上げる．本章は事例の紹介だけにとどめる．取り上げるのは，接辞の付加が，もとの語の強勢の型に左右される場合と，もとの語の音形に左右される場合，それと，音節の数に左右される場合の 3 つである．

11.2 派生ともとの語の強勢の型

　-al という接尾辞は，動詞から抽象名詞を派生させる働きがある．この接尾辞が付加できる語には制限があって，その語の語末に強勢があるものに限定される（Marchand 1969, 236–237; Carstairs-McCarthy 1998）．

(1) a. arríve: arrival　　　b. trý: trial
　　c. renéw: renewal　　d. propóse: proposal

もとの動詞が語末の音節に強勢をもたないと，問題の接尾辞 -al は付加されない．

(2) a. abólish: *abolishal　　b. bénefit: *benefital
　　c. devélop: *developal　d. exámine: *examinal

burial (búry) は例外であるが，その起源は名詞からの逆成 (back-formation)（buriels（墓場）を複数名詞とみなして -s を取り除いて作られた (OED)）なので，真の意味での例外ではないとも言える．この制限は，名

詞から形容詞を形成する接尾辞 -al には，あてはまらない（Carstairs-McCarthy 1998, 144）.

(3) a. occásion: occasional　　b. procédure: procedural
　　c. áccident: accidental　　d. institútion: institutional

なお，この接尾辞 -al の派生に関しては，強勢に関する条件に加えて，もとの語の語末の音の並びに関する条件もある．詳しくは Siegel（1979, 165-167）を参照．

11.3　派生ともとの語の音形

次に，形容詞と名詞から動詞を派生させる接尾辞 -en は，もとの形容詞と名詞の語末の音が阻害音（obstruent）（肺からの空気の流れが阻害されることによって発音される音：p, b, t, k, g, d, f, v, s, z など）で終わり，1音節であるものに限定される（Marchand 1969, 271-273; Siegel 1979, 175-176）.

(4) a. black: blacken　　b. bright: brighten
　　c. length: lengthen　　d. stiff: stiffen
　　e. deep: deepen　　f. wide: widen

阻害音以外の音で終わっている形容詞と名詞には，この接尾辞 -en は付加しない（Marchand 1969, 272）．

(5) a. free: *freen　　b. slow: *slowen
　　c. shy: *shyen　　d. noble: *noblen
　　e. clean: *cleanen　　f. strong: *strongen

また，次は例外である（Carstairs-McCarthy 1998, 146）．

(6) a. cold: *colden　　b. limp (not stiff): *limpen
　　c. wild: *wilden

11.4 屈折・派生と音節数

屈折と派生の過程のなかには，接辞が付加する語の音節の数に反応するものがある．

まず屈折の場合であるが，形容詞の比較変化の形は，形容詞の音節数によって，-er と -est という屈折接尾辞が付加した形，すなわち屈折形になるか，more と most によって修飾される形，すなわち迂言形（periphrastic form）になるかが決まる．単音節の形容詞は屈折形になるのが普通であり，また 2 音節の形容詞で綴り字が -y で終わるもの（2 音節の形容詞の場合は音節数だけでは決まらない）も，屈折形になるのが普通である．((7) の例は，次章の阻止の現象の議論でも繰り返して使われることになる．)

(7) a. fast, wide, short, easy, happy
    b. faster, wider, shorter, easier, happier
    c. *more fast, *more wide, *more short, *more easy, *more happy
(8) a. beautiful, interesting, excellent, splendid
    b. more beautiful, more interesting, more excellent, more splendid
    c. *beautifuller, *interestinger, *excellenter, *splendider

また，Bauer (1983, 91) が指摘しているように，主に名詞に付加して，名詞を派生させる mal- という接頭辞は，単音節ではなくて，多音節の語に付加するのが普通である．

(9) maladminister, malformation, maladaptation, malabsorption, malnutrition, malodor, malposition

11.5 おわりに

第 8 章の文法のモデルでは，音韻論は形態論よりも後に位置している．したがって，形態論の過程が，音韻論で与えられる強勢とか(表面の)音形

とか音節数とかの情報に接近することは，許されない．そこで，そのような音韻情報を形態論の過程が利用できるようにさせる，新たなインターフェイスが必要になる．具体的には，たとえば，音韻論の語に適用される規則を，形態論の規則といわば混在させて説明しようとするやりかたなどが提案されている（Kiparsky (1982, 1983) などを参照）．形態論と音韻論のインターフェイスに関してさらに詳しく知りたい向きは，Shibatani and Kageyama (1988)，Spencer (1991)，山田 (1995) などを参考にしてほしい．

第12章
形態論と語用論のインターフェイス

12.1 はじめに

　本章では，形態論と語用論 (pragmatics) の関わり合いについて考察する．本章の構成は次のようになっている．まず語用論についての簡単な説明を与え，それから，12.2 節で，形態論と語用論とが関わり合う事例をいくつか紹介し，派生と屈折と複合の過程の例を取り上げる．12.3 節では，形態論と深い関わりのある阻止の現象を考察し，語用論のある種の概念が，その背後に支配原理として存在することを指摘する．

　最初に語用論について簡単に解説しておく．（語用論を簡潔に解説した文献としては，福地 (1995) がある．）語用論というのは，言語表現とそれが使用される文脈や場面との関係を扱う分野である．語用論の対象になる具体的な例を 2 つ取り上げて，説明することにしよう．

　まず，Clark (1974) は，(1) に示した come と go という動詞を含む慣用句を，正常な状態 (normal state) という概念を用いて説明している．

(1) 　a.　Mortimer went out of his mind.
　　　b.　Lovelace came back to senses.

Clark が明らかにしていることは，簡単に言うと，正常な状態から離れる向きの変化を表す場合は，go という動詞を含む慣用句が使われ，正常な状態へ向かう変化の場合は，come という動詞を含む慣用句が使われるのが普通であるというものである．この「正常な状態」という概念は，言葉の使用者である話し手の，現実世界に関する知識や信念に基づいている．

話し手というのは，言葉の使用の場面の一部である．したがって，come と go を含む慣用句の説明には，それが使用される場面の情報が不可欠であるということになる．このように，come と go を含む慣用句は，語用論が扱う対象になる特性を備えている．

次に，定冠詞 the の用法に関わる例をあげる．

(2) This was the site of the old Stanwick Theater. The stage was over here and the lobby was over there. （Kreidler 1998)

(2) の 2 つ目の文のなかの the stage と the lobby という名詞句は，初出にもかかわらず定冠詞が使われている．この定冠詞の用法も，語用論の対象になる．ここでは，1 つ目の文(すなわち先行する文脈)に the old Stanwick Theater という名詞句があることが重要である．話し手も聞き手も現実世界に関する知識として，劇場 (theater) というものは舞台 (stage) とロビー (lobby) を備えているということがわかっている．したがって，話し手は，たとえ初出であっても，聞き手がどの舞台とどのロビーのことを言っているか理解できるという前提で，定冠詞を用いているのである．文脈と場面に依存しているこのような定冠詞の用法も，語用論の対象になる．

このように語用論というのは，文の形式的特性を扱う文法の領域の外にある，言葉の一側面を扱う部門あるいは分野である．

以下，12.2 節では，形態論と語用論との関わり合いを示す事例をいくつかあげる．12.3 節では，阻止 (blocking) の現象と語用論との関わり合いについて議論する．

12.2　形態論と語用論との関わり合い：事例の観察

この節では，形態論と語用論とが関わり合ういくつかの具体的な事例を，派生，屈折，複合の順に示す．形態論の過程によって作られる語が，語用論の特性を示す場合 (Kiefer 1998) と，形態論の過程が語用論の要因によって制限される場合が取り上げられる．

12.2.1　派生接辞と語用論

　まず，派生と語用論が関わり合う場合の具体例として，3つの派生接辞を取り上げる．これらの派生接辞は，話し手の前提を伴うとか，話し手の心的態度を表すとか，文体上の効果を伴うなどといった，語用論の特性を示す．その結果，その派生接辞の付加によって作られる語も，語用論の特性を示すことになる．

　1つ目に取り上げるのは，派生接頭辞 re- である．この接頭辞には，動詞に付加して動詞を派生させる働きがある．Marchand (1969, 189) によると，この接頭辞が表す中心的な意味として，行為の結果が不完全であるので，あるいは行為を達成できなかったので，その結果を変えるか改善するために，もう一度その行為をやり直すという意味(たとえば，rewrite (書き直す)や rearrange (配列し直す)など)と，行為の結果が失われたり，行為前の状態に戻ってしまったので，その失われた結果や状態を回復するという意味(たとえば，recapture (取り戻す)や resole (靴底を張り替える)など)の2つがある．このように，接頭辞 re- の意味に，かならず以前の結果や状態に関する話し手の前提が含まれる点は，語用論の特性とみなすことができる (Tirumalesh 1991)．

　2つ目に取り上げるのは，派生接尾辞 -ish である．Jespersen (1974, 323) や Marchand (1969, 305) によると，名詞から "of the nature or character of..." (*OED*) という意味の形容詞を派生させる接尾辞 -ish には，多くの場合，軽蔑の意味合いが含まれるということである．

　（3）　babyish (大人げない)，childish (大人げない)，selfish (利己的な)，goatish (好色な)，sheepish (意気地のない)

したがって，この接尾辞は，蔑もうという話し手の意図 (intention) を反映しているということができる．その意味で，この接尾辞，またはそれが付加した語は，語用論の特性を示す．(childish と関連して，childlike は好ましい意味をもつ．ただし，-like という接尾辞が一般に好ましい意味を表すということではないので注意．)

　3つ目に，形容詞に付加して形容詞を派生する，-ish という接尾辞を取

り上げる．この接尾辞は，"somewhat, rather, approaching the quality of"（Jespersen 1974, 324）という意味を表す．

（4） blueish, greenish, eightish, biggish, coldish, oldish

Jespersen によれば，これらの形容詞は話し言葉（colloquial language）において使用される．したがって，形式ばった文体（formal style）が必要な場面では，使用が避けられる．このように，この接尾辞あるいはそれが付加した語は，文体的効果を伴うという点で語用論の特性を示す．

次に，語用論の制約によって派生の過程が妨げられる場合の事例を，2つあげておこう．

1つ目は，先ほど取り上げた接頭辞 re- に関するものである．接頭辞 re- は，話し手のある種の前提を伴うということを指摘したが，その語用論的特性ゆえに，ある種の動詞に対する接頭辞 re- の付加が妨げられることがある．Randall（1985, 90）は，kill や die という動詞には re- がつかないことを指摘している．その理由は，接頭辞 re- がもつ語用論的特性に求めることができる．やり直しの意味に関しては，kill と die はその意味特性として「死ぬ」という結果を伴うということがあるので，re- に伴う，結果が不完全とか結果を達成できなかったという前提は，これらの動詞にはあてはまらない．また話し手は，現実世界に関する知識として，kill と die が表す行為や，状態変化の結果（死）が失われたり，行為前の状態に戻る（生き返る）ことはないこと（これは kill と die という動詞が表す意味に伴う，語用論の特性といってよいであろう）を知っているので，結果が失われたり行為前の状態に戻ってしまったので，それをもとどおりにするという意味に関しても，その意味に伴う前提とこれらの動詞は，折り合いが悪いことがわかる．

2つ目の例は，名詞あるいは名詞句に付加して形容詞を派生する接尾辞 -ed である（Marchand 1969, 265–267）．この派生によって作られる語には，次のようなものがある．

（5） bearded (a bearded man), gabled (a gabled mansion), blue-eyed, red-roofed, pale-faced

Ljung (1976) などで指摘されているように，この形容詞に含まれる名詞 (beard) あるいは名詞句 (blue eye) によって表されるものは，修飾される名詞が表すものと，程度の差はあれ，多少とも譲渡不可能な所有 (inalienable possession) の関係にあることが要求される．(譲渡不可能な所有そのものは，あるものが別のものの内在的な部分や特性であるような関係である．したがって，厳密には，a bearded man や a gabled mansion はこの関係を満たしているとは言えない．Ljung はこの概念を少し拡張している．) したがって，a carred man とか a wifed man のような，形容詞と名詞の間に譲渡不可能な関係が認められない形は許されない．

さらに，Ljung (1976) は，このような語の派生は，言われることは情報を伝えなければならないという原理に支配されている，と述べている．すなわち，わかりきったことしか伝えないような意味しか表せなければ，容認されない．

（6） *a sided box, *an eyed man, *a roofed house, *a faced man

(6) はどれも，わかりきったことしか伝えていない．この判断は，話し手の現実世界に関する知識に依存している．たとえば，a roofed house を例にとると，家には屋根があるのはあたりまえのことなので，普通はとりたてて言うべきことではない．(同様の理由で，an eyed man (目のある男) はおかしくなる．ついでながら，a one-eyed man (片目の男) ならよくなることに注意．) このように，いま問題にしている -ed 形容詞の派生は，語用論の要因によって制限を受ける．

12.2.2　屈折接辞と語用論：過去時制と丁寧さ

屈折接辞にも，派生接辞と同じように，語用論の特性を示すものがある．

過去時制を表す屈折接尾辞 -ed を伴う動詞に，現在時を表す用法があるが，そのなかで，丁寧な表現をもたらすものがある．Quirk et al. (1985, 188) はこれを，話し手の態度を表す過去 (attitudinal past) と呼んでいる．意志 (volition) あるいは心的状態 (mental state) を表す動詞とともに用

いられ，話し手のためらいを伴う態度を表す働きがあるという．

（7） a. I wondered if you could help us. (Quirk et al. 1985)
b. Hi Peggy this is Ellen at Sports Spectrum, um, I wanted to let you know we got your swimsuit in.
(Biber et al. 1999)
c. Did you want me? — Yes, I hoped you would give me a hand with this little job. (van Ek and Robat 1984)

(7) の文の下線を施した動詞は，現在時制でも文意はほとんど変わらないが，過去時制の形のほうが現在時制の形よりもいくぶん丁寧な響きを与える．このように，過去時制を表す屈折接尾辞は，ある種の動詞と結びついて，より丁寧な表現を生み出すという語用論の特性を示す．

12.2.3 複合と語用論

名詞複合語のなかに，直示的な複合語 (deictic compound) (Downing 1976; Ryder 1994) というものがある．その場の必要にかられて，臨時に作られる複合語のことで，その解釈に，場面の情報が不可欠であるという語用論の特性を示す．直示的な複合語は，より広い直示的な表現の類あるいは範疇に属する．直示的な表現というのは，指示代名詞 (demonstrative pronoun) の this や that，場所の副詞である here と there，あるいは人称代名詞の I や you などを含み，その意味解釈をするのに，使用されている場面に付随する，ある要素に言及しなければならない表現のことである．たとえば this と that であれば，場面の要素である，話し手がいる場所を基準として，this はその場所の近くにあるものを指し，that はその場所から離れたところにあるものを指すという解釈が与えられる．(this と that に関しては，神尾 (1990) を参照．)

直示的な複合語の例には，次のようなものがある (Warren 1978, 43).

（8） the side safetycatch, the fourth floor, the right-hand door, the overhead branches

第 12 章　形態論と語用論のインターフェイス　177

　Warren によると，これらの複合語が使われるのは，聞き手が定まった数の，主要部の名詞によって表されるものを知っていると話し手が仮定して，とくに，それらのうちの 1 つあるいはいくつかに，できるだけ短い形で言及したいときであるという．このように，この複合語は，特定の文脈あるいは場面における特定のものを表すのに使われるので，使われている特定の文脈・場面に言及しなければ，表すものが何かは定まらないという語用論の特性を示す．Warren は，直示的な複合語は，文脈・場面に束縛されているので，(9) のように類を表すために用いるとおかしくなるということを指摘している．

　　(9)　Never leave right hand doors open!

　すなわち，直示的な複合語は，特定のものを表すのには使えるが，一般的な類を表すのには使えないということである．普通の複合語は，(10) (four-letter word) のように，類を表すことができるので，その意味でも直示的な複合語は特殊であると言える．

　　(10)　Love is not a four-letter word.

　直示的な複合語は内心的ではあるが，Warren によると，主要部を修飾する要素は分類的 (9.3.6 節を参照) というよりも，識別する機能 (identifying function) を果たしているという．たとえば，the right-hand door を取り上げると，right-hand という修飾要素がどの door かを識別する働きをしている．
　直示的な複合語というのは，形態論の複合という過程が，語用論の要請に応じて，その場かぎりの直示的な表現を作るのに利用された結果とみなすことができる (Ryder 1994)．

12.2.4　ま　と　め

　第 8 章の Chomsky 流の文法のモデルに基づく言語分析においては，語用論は文法の外におかれて，ほとんど研究・議論の対象にはされない．仮に，この文法モデルを中心に，語用論の分野まで視野に入れて扱おうとす

るならば，両者が関わり合う現象に関しては，インターフェイスを設定して2つを結びつける必要があることは明らかである．Chomskyの最近の理論でも，語用論，またはそれを含むより広い領域が，音韻論と意味論（正確にはPFの部門とLFの部門）と接点をもつことは認められている．（中島 (2000) は文法と語用論との関係を，語順の現象をもとに考察している．）文法の内部の部門と語用論との関わり合いという観点からは，たとえば，強勢やイントネーションが，語用論の要因と深い関わり合いをもつ（Bolinger 1989）ことがあるので，それをここで想定している文法のモデルで説明するとしたら，音韻論と語用論のインターフェイスが必要になる．この節で取り上げた事例と，次の節で議論する事例は，形態論と語用論の間にも，同様に，インターフェイスが必要であることを示している．

12.3 阻止と語用論との関わり合い

本節では，形態論ととくに深い関係のある，阻止（blocking）と呼ばれる現象の一部を取り上げて，その背後に語用論に基づく原理が関わっていることを示す．本章の標題は「形態論と語用論のインターフェイス」であるが，これからの議論の過程で明らかになるように，阻止という現象の性質上，形態論と語用論の関わり合いだけでなく，語彙目録と統語論と意味論も関わってくることに注意していただきたい．

12.3.1 阻　止

阻止というのは，広い意味では，1つの語の存在が，同義の（synonymous）別の語や句の使用を阻止する現象（またはそのような傾向）のことである．阻止という用語はAronoff (1976) のものであるが，それ以前からそういう現象が存在することは，ところどころで指摘されていた．ここでは，阻止の現象すべてではなく，そのなかの，(i) 形態論的に単純な語（simple word）と，形態論の派生の過程によって作られる派生語（形態論的に複合的な語（complex word））との間にみられるもの，(ii) 動詞あるいは名詞の，不規則な屈折形と規則的な屈折形との間にみられるもの，

(iii) 語と句との間にみられるもの，の3種類に対象を限定する．具体例をあげながら，この順序で概略を述べていく．

12.3.2　単純な語と派生語との間，および不規則な屈折形と規則的な屈折形との間にみられる阻止

(11) が単純な語と派生語との間にみられる阻止の現象の例である．

(11)　a.　fool (動詞): *foolize　　　　　(Di Sciullo 1997)
　　　b.　thief (名詞): *stealer　　　　　(Bolinger 1975)
　　　c.　bad (形容詞): *ungood　　　　(Bauer 1983)
　　　d.　fury (名詞): *furiosity　　　　　(Aronoff 1976)

(11) のそれぞれの対の左側の語は，阻止する語 (blocking word)，右側の語は，阻止される語 (blocked word) と呼ばれる．それぞれの対の右側の語は，関わりのある派生の過程によって作ることが可能で，使用されてもよいはずなのに，それぞれの対の左側にある，同義の単純な語の存在によって使用が阻止される派生語である．

次に，(12) と (13) が，不規則な屈折形と規則的な屈折形との間にみられる阻止の現象の例である．

(12)　a.　cut (動詞の過去形): *cutted
　　　b.　sheep (名詞の複数形): *sheeps
(13)　a.　oxen (名詞の複数形): *oxes
　　　b.　children (名詞の複数形): *childs
　　　c.　women (名詞の複数形): *womans
　　　d.　went (動詞の過去形): *goed

(12) と (13) のそれぞれの対においては，左側にある不規則な屈折変化を示す語が，阻止する語になっている．それぞれの対の右側にある阻止される語はどれも，左側の語と同義の，規則的な屈折の規則によって作り出すことが可能なはずの語である．

12.3.3 語と句との間にみられる阻止

いくつかの文献 (Householder (1971), McCawley (1978), Hofmann (1981), Di Sciullo and Williams (1987), Poser (1992) など)において，語がある種の句を阻止するという現象がみられることが指摘されている．

(14) a. pink : *pale red   b. yesterday : *last day
   c. tomorrow : *next day   d. tonight : *this night
   e. today : *this day

(14a)は，Householder (1971, 74) が指摘したもので，McCawley (1978) が取り上げて議論している例である．(ただし，両者とも阻止という用語は使っていない．) Householder と McCawley は，pale red が使われないのは，pink という同義の語が存在するからであると考えている．(14)の残りの例は，Hofmann (1981) があげているものである．コロンをはさんで右側にある句は，左側にある同義の語の存在によって阻止されると考えられている．

11.4 節でも一部触れたが，形容詞で比較変化を示すもの(いわゆる程度を表す形容詞 (gradable adjective)) は，主に音節の長さによって，屈折形をとる場合と，迂言形をとる場合とがある．Di Sciullo and Williams (1987, 11) は，これらの 2 つの形の間に，阻止の関係があると考えている．屈折形は語で，迂言形は句である．ここでは比較級のみを対象とするが，(15b) に示されているように，屈折形は一般に，1 音節の形容詞と，2 音節で綴り字の y で終わる形容詞がとる形である．(16b) に示されているように，それ以外の形容詞は迂言形をとる．(2 音節の形容詞のどれが屈折形をとれるかに関しては，話し手によって判断の違いがみられる (Carstairs-McCarthy 1998, 145)．また，2 音節形容詞で，どちらの形もとるといわれるもの (clever, common, simple など) があるが，それらはここでは考慮の対象外とする．)

(15) a. fast, wide, short, easy, happy
   b. faster, wider, shorter, easier, happier
   c. *more fast, *more wide, *more short, *more easy, *more

happy
- (16) a. beautiful, interesting, excellent, splendid
  - b. more beautiful, more interesting, more excellent, more splendid
  - c. *beautifuller, *interesinger, *excellenter, *splendider

(すぐ後で触れるが，(15c)の形はまったく使われないわけではない.) Di Sciullo and Williams は，(17) に示されているように，1 音節の形容詞と -y で終わる 2 音節の形容詞の場合は，屈折形の比較級(語)の存在が，迂言形の比較級(句)を阻止しているとみなす．

- (17) a. faster : *more fast　　b. wider : *more wide
  - c. easier : *more easy　　d. happier : *more happy

少し脇道にそれるが，1 音節の形容詞と -y で終わる 2 音節の形容詞は，迂言形がまったく不可能であるわけではない．

- (18) It's more wide than long.

(18) のような表現では，迂言形でないといけない．

- (19) *It's wider than long.

(18) の意味は，(20) のように言い換えられる．

- (20) It is more accurate to say that it is wide than to say that it is long.

すなわち，(18) のような文は，2 つのことがらの比較ではなくて，2 つの言いかたの適切さの比較を表す (Poser 1992, 121). したがって，(18) は普通の比較とは異なる，特殊な比較に限定された形であると考えられる．

12.3.4　阻止する語と阻止される語あるいは句

前節の説明で明らかなように，形態論上単純な語と不規則な屈折形は，阻止する語になるのに対して，形態論上複雑な派生語と規則的な屈折形と

句は，阻止される語(句)になるという対比が認められる．なぜこのような対比が生ずるのかについて，明確な説明を与える必要がある．(また，ここでは扱わない，派生語と派生語の間にみられる阻止(たとえば，decency: *decentness (Aronoff 1976, 55))の場合にも，どの派生語が阻止する語になり，どの派生語が阻止される語になるのかを決める基準が必要になる．) ここではその詳しい説明は省略する(詳細に関しては Aronoff (1976) や Rainer (1988) などを参照)が，Aronoff and Anshen (1998) において示されている1つの考え方を紹介しておく．

　阻止する語として機能する，形態論上単純な語と不規則な屈折形は，その特性が規則によって予測できないので，語彙目録に記載されていると考えられる．これに対して，派生語と規則的な屈折形と句は，形態論の規則あるいは統語論の規則で作ることができるので，語彙目録には記載されていないと考えられる．この考えかたによれば，語彙目録に記載されている語が，すでに存在する語として解釈され，この既存の語が，形態論あるいは統語論の規則によって，同じ意味を表す，形態論上複雑な語と句が作られるのを阻止するとみなされることになる．

12.3.5　傾向としての阻止

　語と，別の語あるいは句が同義であれば，かならず阻止されるというわけではない．阻止されるのが普通であるという，傾向として捉えたほうがよい．

　(14a) の pink と pale red は阻止の関係にはあるが，両者の意味範囲が重ならない部分があって，そのような場合は，実際には2つは同義ではなくなるので，pale red も使われる．たとえば，赤よりは淡いけれども，ピンクほどには淡くない色を表現するのに，pale red を使うことができる (McCawley 1978, 246)．このようなことは，同義のようにみえても，実際は同義でない部分がある場合に生ずる．

　また，(11b) の thief と stealer についても，Bauer (1983, 87) の指摘によれば，stealer は，盗品が言及されている(典型的には，the stealer of boats のように of 句で表現される)場合に限定されて使われるという．

Bauer は *OED* の "now only, one who steals something specified" という解説に言及している．Bauer の観察が正しければ，stealer は thief とは異なる使用領域をもつので，thief による阻止を免れている場合の例とみなすことができるであろう．

　McCawley は定義の文脈であれば，"Pink" means 'pale red.' のように，同義であっても阻止される句が使われると述べている．これは次の場合にもあてはまると思われる．

(21)　a.　The day after this day.
　　　b.　This night, or the night after this day.

(21a) は *OED* の tomorrow の定義，(21b) は同じく *OED* の tonight の定義である．today と this day，また tonight と this night の間には，それぞれ (14d) と (14e) に示された阻止の関係が成り立つので，普通は this day と this night は使われないはずであるが，定義の文脈では使われることがわかる．

　定義の文脈でなくても，インフォーマントによると，次の例における this night は tonight と同義で，置き換えてもさしつかえないということである．

(22)　"Ah, Quentin, the magic here is far beyond the ken of any Megadrone, no matter how smart," the face said. "I've been sent here to give you fair warning of what's to come, in this room, this night." 　　　　　　　　　　　　　　　　　　(*PI*)

インフォーマントは，this night には，直前の this room の this を反復する効果があるということを指摘してくれたが，おそらく tonight よりも語呂がよいという発音上の理由から，this night が選ばれているのではないかと思われる．ちなみに，次の文における this day は，today とは意味が異なる．

(23)　I had turned the radio off because I did not want to hear any more news <u>this day</u>, and I was certain this would be one night I was too keyed up to sleep. 　　　　　（Cornwell 1999）

　阻止する語を，話し手がうっかり忘れてしまうような場合には，阻止される語を臨時に使うということが起こる．たとえば，fame：*famousness の対で，fame を失念したとき，代わりに famousness が用いられるというような場合である（Aronoff and Anshen 1998, 240）．
　使用される頻度が関わる場合もある．(12) と (13) で示したような，不規則な屈折形が規則的な屈折形を阻止する場合に関して，一般に，不規則な屈折形が用いられる頻度（frequency）が高ければ高いほど，対応する規則的な屈折形は阻止される度合いが高い，という関係が認められるという（Aronoff and Anshen 1998, 240）．
　以上のように，阻止の現象にはさまざまな要因が複雑に絡み合っている．それゆえ，同義であれば阻止が起こるという単純な関係にはなっていないのである．

12.3.6　阻止の背景にある原理

　次に，阻止の背景にどのような原理があるのか，すなわち，どのような原理の作用によって阻止の現象が生ずるのか，という問題について考えてみよう．文献にみられる提案は，大きく2つの種類に分かれる．1つは，文法（規則の適用に関する文法の原理あるいは条件）で処理しようというもの（たとえば，Kiparsky (1982, 1983) を参照），もう1つは，語用論で処理しようというものである．以下では，語用論に基づく説明法を取り上げて議論する．
　McCawley (1978)，Horn (1984)，Scalise (1984) によると，阻止の現象は，経済性（economy）という，言葉の使用を支配している一般的な傾向の1つの現れである．ここでいう経済性とは，言葉の使用に関わる語用論の概念である．以下では，McCawley と Horn の分析を参考にしながら説明をしていく．両者の分析は，細かな点では違いがあるけれども，阻止の現象を，言葉を使用するさいに労力を最小にしようとする経済性の原理をもとにして説明しようとするところに，共通点がある．

12.3.7 経済性の原理

McCawley は，(14a) に示した，pink という語による pale red の阻止を次のように説明している．pink と pale red が同義であれば，わざわざ長い，労力を必要とする pale red という表現を pink の代わりに用いる理由はない．さらに，"Pink" means 'pale red.' というような定義の文脈であれば，pale red が使われうるのは，同じ表現では定義の役に立たないので，労力を費やして長い表現を使わなければならないという理由によると述べている．McCawley と Horn はほかにもいろいろな事例をあげて議論しているが，経済性の原理の内容については，以上の説明で十分理解できるであろう．要するに，阻止の現象は，言葉の使用にさいして，できるだけ無駄な労力を使わないようにするという経済性の原理を反映したもの，と捉えているのである．(McCawley や Horn などの経済性の原理とは背景が異なるけれども，Di Sciullo (1997, 93) も，Chomsky (1992, 1994) の経済性の原理 (Economy Principle) に触発されて，阻止の現象は経済性という観点から見直しが可能であるということを指摘している．)

経済性の原理を利用した説明法は，先ほど取り上げた，単純な語と派生語の間の阻止の例にもうまくあてはまる．前にあげた (11) の対をもう一度見直すとわかるように，いずれの対においても，阻止される派生語のほうが音の数が多いので，労力をより多く必要とする．

12.3.8 語用論に基づく説明に対する反論

Poser (1992) は，McCawley (1978) と Horn (1984) で提案された，最小の労力，すなわち経済性という語用論の概念に基づいて阻止の現象を説明するやり方に，反対している．経済性に基づく阻止の原理は，A という形式が，より少ない労力を伴う場合にのみ，形式 B を阻止するという予測をする．したがって，阻止する要素が，阻止される要素より少ない音からなる(すなわち短い)ときにのみ，阻止が生ずることが予測されることになる．Poser は，(13a) の対に関して，*oxes は不規則な oxen によって阻止されるが，長さ(音の数)は同じ ([ɔ́ksiz] と [ɔ́ksən]) であること，

さらに、(13b)の *childs と children では，阻止する要素と阻止される要素の長さが逆であることをあげて，この予測は正しくないということを示している．(Poser は形態論上の複雑さにも言及しているが，ここでは音の数に基づく長さの比較だけに単純化してある．(14b–e)の例に関しては，音の数だけで比べると，Poser が指摘した問題があてはまることになりそうであるが，McCawley のいう統語構造の複雑さも労力のなかに含めるならば，経済性の原理で処理できると思われる．)

12.3.9 必要性の原理

Poser が指摘したことは，経済性の原理に基づく阻止の説明には問題があることを，はっきりと示していると思われる．そこで，語用論に基づく他の説明法がないかどうかを考えてみることにしよう．

Bauer (1983) は，語には，その語が意味するもの，あるいは表すものが存在しないといけないという，言われてみればあたりまえと思われる，語用論の条件があることを指摘している．たとえば，*magpie-brake という複合語が存在しないのは，その語が表すものがこの世のなかに存在しないので，この条件が満たされないためであると説明される．この条件を Bauer は，存在要件 (requirement of existence) と呼んでいる．この条件自体の働きについては，後ほど 12.4 節でまた取り上げる．

Bauer は，この存在要件に加えて，新たに作られる語には，その語に対する必要性がないといけないという条件が適用される，と述べている．さらに Bauer は，この必要性という概念を，阻止の現象の説明にあてることができると考えている．この概念に基づくと，すでに同義の語があれば新たな語を形態論の過程によって作る必要はないということになり，それが原因で阻止の現象が起こるというのである．Bauer は，語と語の間の阻止しか視野においていないようであるが，語と句の間にみられる阻止現象にも，この必要性の原理(便宜上，以下このように呼ぶことにする)があてはまることは明らかである．

12.3.10　経済性の原理と必要性の原理の比較

　McCawley らが提案した，経済性の原理に基づく阻止の現象の説明法には，Poser によって指摘された問題がある．繰り返しになるが，たとえば，children による *childs の阻止が，労力をより多く必要としない形が，より多く必要とする形を阻止するという経済性の原理が予測する図式に，あてはまらないという問題である．この問題は，必要性の原理に基づく説明法ならば，うまく処理できる．すでに children という語があるので，*childs を使う必要はないという単純な説明ですむ．また，pink と pale red のような語と句の対にも，あてはめることができる．同義であれば，pale red は不必要である．定義の文脈であれば，pink の言い換えとなる句が必要になるので，pale red は使える．さらに，pink では言い表せない意味を表すのに pale red という句が必要になる，という場合も起こる．単純な語をうっかり忘れて，同義の派生語を使うという場合も，派生語が一時的に必要になるということである．この必要性の原理は，最小の労力に基づく経済性の原理とは異なるが，見方によっては，必要のないものは切り詰めるという効果を伴うので，一種の経済性の原理であると言ってもよいであろう．

12.3.11　ま　と　め

　単純な語と複雑な派生語との間，不規則な屈折形と規則的な屈折形との間，それから，語と句との間にみられる阻止の現象を取り上げ，そこに語用論の概念である必要性の原理が関わり合っていることを示した．ここでは阻止現象の一部の概略を説明しただけであるが，これだけでも，形態論と語用論の関わり合いを中心とした，阻止の現象の大まかな姿は理解可能であろう．

12.4　存在要件と -er 名詞形

　12.3.9 節において，Bauer が指摘している存在要件という語用論の概念に触れた．存在要件は，語一般にあてはまる条件なので，派生語にももちろんあてはまる．本節では，第 10 章で取り上げた -er 名詞形のうち不

適格なものを，存在要件という概念に基づいて見直し，それらの -er 名詞形は，存在要件を満たしていないことを示す．

12.4.1　2種類の -er 名詞形

Levin and Rappaport (1988) (Hovav and Levin (1992)においても同様)は，-er 名詞形を，その意味に基づいて2つの類に分けている．1つは，出来事を表す -er 名詞形 (event -er nominal) で，もう1つは，出来事を表さない -er 名詞形 (non-event -er nominal) である．出来事を表す -er 名詞形の特徴は，もとの動詞の直接の内項を継承していて，of 句の形でそれが具現化され，名詞句全体として，出来事の解釈を伴うということである．

(24)　a.　a grinder of imported coffee
　　　b.　the destroyer of the city
　　　c.　a saver of lives

(24) が，出来事を表す -er 名詞形の例である．Levin and Rappaport によると，出来事の解釈というのは，-er 名詞形で表される人や物 ((24) の例はどれも人) が，もとの動詞が表す行為を実際に行なった，という解釈のことである．したがって，この形が使用されるときは，もとの動詞が表す出来事が実際に起こったという前提を伴うとみなされている．これに対して，出来事を表さない -er 名詞形は，そのような出来事の解釈は伴わない．

(25)　a.　a grinder　　b.　a destroyer　　c.　a teacher

これらの -er 名詞形は，特定の機能を果たすことを意図された人や物を表す．(25a) は道具，(25b) は船，(25c) は人である．これらの -er 名詞形は，出来事を表すものとは違って，もとの動詞の直接の内項に相当する of 句を伴うことはない．出来事を表さない -er 名詞形は，もとの動詞が表す出来事が実際に起こったという前提を伴わないので，たとえば，(25a) の grinder を例にとると，たとえ実際に何かを grind したことが

なくても，grind するために作られた道具であれば grinder と呼べる．また，(25c) の teacher は職業の名前であるが，実際に teach したことがない人でも teacher と呼ぶことができる．(出来事を表す -er 名詞形と，出来事を表さない -er 名詞形の区別に関する問題点については，小野塚 (1995) や Oshita (1995) などを参照．たとえば，辞書 (*ODNW*) の解説に，cash-dispenser という複合語は，a dispenser of cash という句がもとになっているということが述べられているが，a dispenser of cash という句は，特定の機能をもった道具の解釈をもつので，意味の面からは，dispenser は出来事を表さない -er 名詞形の特徴をもつと考えられるけれども，もとの動詞の直接の内項に相当する of 句を伴っている．これは，出来事を表す -er 名詞形の特徴である．このように，of 句の有無は，かならずしも 2 種類の -er 名詞形の区別とは一致しないのである．)

12.4.2　B&R が扱った不適格な -er 名詞形の処理

　第 10 章の議論では述べなかったが，B&R が扱っている -er 名詞形は，出来事を表さない -er 名詞形である．ここで，10.3 節で扱われた不適格な例をまとめて示すことにする．

　(26)　*jumper, *runner, *mover, *walker, *swimmer, *marcher, *causer, *maker, *letter, *allower

(26) の jumper から marcher までの例については，自動詞に対応する場合は適格であることに注意していただきたい．B&R は，これらが不適格であることを，もとの動詞の語彙概念構造の特徴に基づいて説明しようとしたが，これらの -er 名詞形が表すはずの意味を考えると，別の説明法が浮かび上がってくる．Levin and Rappaport (1988, 1070) は，出来事を表さない -er 名詞形のなかには，この世のなかにそれが表すことのできるものが存在しないという，単純な理由で使われないものがある，ということを指摘している．たとえば，opener という -er 名詞形は，道具の意味では使われるけれども，open という行為をするように意図された人(すなわち，何かを開けるという行為をもっぱら行なう人)の意味では，普通，

使われない．その理由は，そのような人は存在しないからであると考えている．Levin and Rappaport のこの考え方は，12.3.9 節で紹介した Bauer の存在要件と同じである．この条件に基づいて (26) の例を見直すと，どれも存在要件を満たしていないことがわかる．たとえば jumper であれば，一般に，もっぱら動物を跳ばせることに従事する人というのは，存在しない．(26) のほかの例にも，同じことがあてはまると思われる．このように，(26) の不適格な -er 名詞形に関しては，存在要件をあてはめることで処理できることがわかる．

12.4.3 まとめ

存在要件という語用論の概念を使うことによって，第 10 章で議論した -er 名詞形の不適格な例がうまく処理できることを示した．これは，-er 名詞形の派生の過程を，語用論の概念が妨げる例であり，12.2.1 節で取り上げた，接頭辞 re- の付加や接尾辞の -ed の付加が語用論の要因によって妨げられる場合と同類である．

12.5 おわりに

これまで形態論と語用論とが関わり合う事例をいくつか取り上げて示したが，第 8 章で示した文法のモデルに基づいてそれらを説明するとしたら，12.2.4 節ですでに指摘したように，文法の外にある語用論と，文法の内部にある形態論とのインターフェイスを設定しなければならないことは，明らかであろう．

参 考 文 献

第 I 部　音韻論におけるインターフェイス

Barss, Andy (1996) "Extraction and Contraction," *Linguistic Inquiry* 17, 681–694.
Bing, Janet M. (1979) *Aspects of English Prosody*, Doctoral dissertation, University of Massachusetts, Amherst.
Bolinger, Dwight L. (1965) *Forms of English: Accent, Morphem, Order*, Hokuou Press, Tokyo.
Bolinger, Dwight L. (1981) "Consonance, Dissonance, and Grammaticality: The Case of *Wanna*," *Language and Communication* 1, 189–206.
Bolinger, Dwight L. (1985) "Two Views of Accent," *Journal of Linguisitcs* 21, 79–123.
Bolinger, Dwight L. (1986) *Intonation and Its Parts: Melody in Spoken English*, Stanford University Press, Stanford.
Bolinger, Dwight L. (1989) *Intonation and Its Uses: Melody in Grammar and Discourse*, Stanford University Press, Stanford.
Bolinger, Dwight L. (1991) "Accent on *One*: Entity and Identity," *Journal of Pragmatics* 15, 225–235.
Bresnan, Joan (1971) "Sentence Stress and Syntactic Transformations," *Language* 47, 257–280.
Bresnan, Joan (1972) "Stress and Syntax: A Reply," *Language* 48, 326–342.
Bresnan, Joan (1994) "Locative Inversion and the Architecture of Universal Grammar," *Language* 70, 72–131.
Bresnan, Joan and Jonni M. Kanerva (1989) "Locative Inversion in Chicheŵa: A Case of Factorization in Grammar," *Linguistic Inquiry* 20, 1–50.

Bresnan, Joan and Samuel A. Mchombo (1987) "Topic, Pronoun, and Agreement in Chichewâ," *Language* 63, 741–782.

Chomsky, Noam and Morris Halle (1968) *The Sound Pattern of English*, Harper and Row, New York.

Cruttenden, Alan and David Faber (1991) "The Accentuation of Prepositions," *Journal of Pragmatics* 15, 265–286.

Culicover, Peter and Ray S. Jackendoff (1995) "*Something Else* for Binding Theory," *Linguistic Inquiry* 26, 249–275.

Culicover, Peter and Ray S. Jackendoff (1997) "Semantic Subordination despite Syntactic Coordination," *Linguistic Inquiry* 28, 195–217.

Culicover, Peter and Ray S. Jackendoff (1999) "The View from the Periphery: The English Comparative Correlative," *Linguistic Inquiry* 30, 543–571.

Culicover, Peter and Michael Rochemont (1983) "Stress and Focus in English," *Language* 59, 123–165

Downing, Bruce (1970) *Syntactic and Phonological Phrase in English*, Doctoral dissertation, University of Texas, Austin.

Emonds, Joseph (1977) "Comments on the Paper by Lightfoot," *Formal Syntax*, ed. by Peter Culicover, Thomas Wasow, and Adrian Akmajian, 239–247, Academic Press, New York.

Erteschick-Shir, Nomi (1997) *The Dynamics of Focus Structure*, Cambridge University Press, Cambridge.

Faber, David (1987) "The Accentuation of Intransitive Sentences in English," *Journal of Linguistics* 23, 341–358.

Givón, Talmy (1973) "Opacity and Reference in Language: An Inquiry into the Modalities," *Syntax and Semantics*, 2, ed. by John Kimball, 95–122, Taishukan, Tokyo.

Goldsmith, John (1976) *Autosegmental Phonology*, Garland, New York.

Gussenhoven, Carlos (1984) *On the Grammar and Semantics of Sentence Accents*, Foris, Dordrecht.

Gussenhoven, Carlos (1988) "The English Rhythm Rule as an Accent Deletion Rule," *Phonology* 8, 1–35.

Gussenhoven, Carlos (1992) "Sentence Accents and Argument Structure," *Thematic Structure*, ed. by Iggy M. Roca, 79–106, Foris, Dordrecht.

Halle, Morris and Samuel J. Keyser (1966) "Chaucer and the Study of Prosody," *College English* 28, 187–219.

Halle, Morris and Samuel J. Keyser (1971a) "Illustration and Defence of a Theory of the Iambic Pentameter," *College English* 33, 154–176.

Halle, Morris and Samuel J. Keyser (1971b) *English Stress: Its Form, Its Growth and Its Role in Verse*, Harper and Row, New York.

Halle, Morris and Samuel J. Keyser (2000) "On Meter in General and on Robert Frost's Loose Iambics in Particular," *Linguistics: In Search of the Mind — A Festschrift for Kazuko Inoue*, ed. by Masatake Muraki and Enoch Iwamoto, 130–154, Kaitakusha, Tokyo.

Halle, Morris and Jean-Roger Vergnaud (1987) *An Essay on Stress*, MIT Press, Cambridge, MA.

Hayes, Bruce (1983) "A Grid-Based Theory of English Meter," *Linguistic Inquiry* 14, 357–393.

Hayes, Bruce (1984) "The Phonology of Rhythm in English," *Linguistic Inquiry* 15, 33–74.

Hayes, Bruce (1989) "The Prosodic Hierarchy in Meter," *Phonetics and Phonology*, 1: *Rhythm and Meter*, ed. by Paul Kiparsky and Gilbert Youmans, 201–260, Academic Press, New York.

Hayes, Bruce (1995) *Metrical Stress Theory: Principles and Case Studies*, University of Chicago Press, Chicago.

Hayes, Bruce and Abigail Kaun (1996) "The Role of Phonological Phrasing in Sung and Chanted Verse," *Linguistic Review* 12, 243–303.

Hayes, Bruce and Margaret MacEachern (1996) "Are There Lines in Folk Poetry?" *UCLA Working Papers in Phonology* 1, 125–142. [Also available from http://www.humnet.ucla.edu/humnet/linguistics/people/hayes/metrics.htm.]

Hayes, Bruce and Margaret MacEachern (1998) "Quatrain Form in English Folk Verse," *Language* 74, 473–507.

今井邦彦(1987)「濡れ手で泡」『言語』Vol. 17, No. 8, 4–6.

今井邦彦・中島平三(1978)『文 II』研究社出版, 東京.

Inkelas, Sharon and Draga Zec, eds. (1990) *The Syntax-Phonology Connection*, University of Chicago Press, Chicago.

石井白村(1964)『英詩律読法概説』篠崎書林, 東京.

Jackendoff, Ray S. (1972) *Semantic Interpretation in Generative Grammar*, MIT Press, Cambridge, MA.

Jackendoff, Ray S. (1987) "The Status of Thematic Relations in Linguistic Theory," *Linguistic Inquiry* 18, 469–411.

Jackendoff, Ray S. (1988) *Conciousness and the Computational Mind*, MIT Press, Cambridge, MA.

Jackendoff, Ray S. (1990) *Semantic Structures*, MIT Press, Cambridge, MA.

Kager, René and Ellis Visch (1989) "Metrical Constituency and Rhythmic Adjustment," *Phonology* 5, 21–71.

Kaisse, Ellen M. (1983) "The Syntax of Auxiliary Reduction in English," *Language* 59, 93–122.

Kaisse, Ellen M. (1985) *Connected Speech: The Interaction of Syntax and Phonology*, Academic Press, New York.

Kanerva, Jonni M. (1990) "Focusing on Phonological Phrase in Chichewâ," *The Phonology-Syntax Connection*, ed. by Sharon Inkelas and Draga Zec, 145–161, University of Chicago Press, Chicago.

Karpeles, Maud, ed. (1974) *Cecil Sharp's Collection of English Folk Songs*, Vols. 1 & 2, Oxford University Press, London.

Kingdon, Roger (1958) *The Groundwork of English Intonation*, Longman, London.

Kiparsky, Paul (1975) "Stress, Syntax, and Meter," *Language* 51, 576–616.

Kiparsky, Paul (1977) "The Rhythmic Structure of English Verse," *Linguistic Inquiry* 8, 189–247.

Kiparsky, Paul and Gilbert Youmans, eds. (1989) *Phonetics and Phonology*, 1: *Rhythm and Meter*, Academic Press, New York.

Kodaira, Momoko (2001) *The Rhythmic Structure of English Songs*, unpublished B.A. thesis, Ibaraki University.

桑原輝男・高橋幸雄・小野塚裕視・溝越彰・大石強(1985)『音韻論』研究社出版, 東京.

Ladd, D. Robert (1980) *The Structure of Intonational Meaning: Evidence from English*, Indiana University Press, Bloomington, IN.

Ladd, D. Robert (1986) "Intonational Phrasing: The Case for Recursive

Prosodic Structure," *Phonology Yearbook* 3, 311–340.
Ladd, D. Robert (1998) *Intonational Phonology*, Cambridge University Press, Cambridge.
Lakoff, George (1972) "The Global Nature of Nuclear Stress Rules," *Language* 48, 285–303.
Lambrecht, Knut (1994) *Information Structure and Sentence Form: Topic, Focus, and the Mental Representation of Discourse Referents*, Cambridge University Press, Cambridge.
Langacker, Ronald W. (1987) *Foundaitons of Cognitive Grammar*, Vol. I: *Theoretical Prerequisites*, Stanford University Press, Stanford.
Langacker, Ronald W. (1991) *Foundaitons of Cognitive Grammar*, Vol. II: *Descriptive Application*, Stanford University Press, Stanford.
Liberman, Mark (1979) *The Intonational System of English*, Garland, New York.
Liberman, Mark and Alan Prince (1977) "On Stress and Linguistic Rhythm," *Linguistic Inquiry* 8, 249–336.
Local, J. K. and W. H. G. Wells (1983) "Deaccenting and the Structure of English Intonation," *Linguistics* 21, 701–715.
中右実(1994)『認知意味論の原理』大修館書店, 東京.
Napoli, Donna J. and Maria Nespor (1979) "The Syntax of Word-Initial Consonant Gemination in Italian," *Language* 55, 812–841.
Nespor, Maria and Irene Vogel (1982) "Prosodic Domains of External Sandhi Rules," *The Structure of Phonological Representations*, Part I, ed. by Harry van der Hulst and Norval Smith, 225–155, Foris, Dordrecht.
Nespor, Maria and Irene Vogel (1986) *Prosodic Phonology*, Foris, Dordrecht.
Okazaki, Masao (1998) *English Sentence Prosody: The Interface between Sound and Meaning*, Kaitakusha, Tokyo.
岡崎正男(2000)「初期近代英詩の韻律論」未刊行論文, 茨城大学.
Postal, Paul M. and Geoffrey K. Pullum (1978) "Traces and the Description of English Complementizer Contraction," *Linguistic Inquiry* 9, 1–29.
Postal, Paul M. and Geoffrey K. Pullum (1982) "The Contraction De-

bate," *Linguistic Inquiry* 13, 122–138.

Pullum, Geoffrey K. (1997) "The Morpholexical Nature of English *to*-Contraction," *Language* 73, 79–102.

Pullum, Geoffrey K. and Paul M. Postal (1979) "On an Inadequate Defence of 'Trace Theory'," *Linguistic Inquiry* 10, 689–706.

Rotenberg, Joel (1978) *The Syntax of Phonology*, Doctoral dissertation, MIT.

Schmerling, Susan F. (1976) *Aspects of English Sentence Stress*, University of Texas Press, Austin, TX.

Selkirk, Elisabeth O. (1972) *The Phrase Phonology of English and French*, Doctoral dissertation, MIT.

Selkirk, Elisabeth O. (1984) *Phonology and Syntax: The Relation between Sound and Structure*, MIT Press, Cambridge, MA.

Selkirk, Elisabeth O. (1986) "On Derived Domains in Sentence Phonology," *Phonology Yearbook* 3, 371–405.

Selkirk, Elisabeth O. (1995) "Sentence Prosody: Intonation, Stress, and Phrasing," *The Handbook of Phonological Theory*, ed. by John Goldsmith, 550–569, Blackwell, Oxford.

Sells, Peter (1983) "Juncture and the Phonology of Auxiliary Reduction in English," ms.

Sharp, Cecil J. (1916) *One Hundred English Folk Songs*, Oliver Diston, Boston.

Sharp, Cecil J. (n.d.) *Folk Songs of English Origin Collected in the Appalachian Mountains*, Novello, London.

Steedman, Mark (1991) "Structure and Intonation," *Language* 68, 260–296.

Steedman, Mark (2000) "Information Structure and the Syntax-Phonology Interface," *Linguistic Inquiry* 31, 649–689.

Suiko, Masanori (1977) "Strong and Weak Forms in English," *Studies in English Linguistics* 5, 183–197.

Suiko, Masanori (1978) "A Phonological Analysis of *Wanna* Formation," 『英文学研究』第 55 巻第 2 号, 303–317.

Suiko, Masanori (1979) "Strong Forms of English before ##," *Studies in English Linguistics* 7, 30–40.

水光雅則(1985)『文法と発音』大修館書店, 東京.
Sweet, Henry (1929) *The Sounds of English*, Oxford University Press, London.
Taglicht, Joseph (1998) "Constraints on Intonational Phrasing in English," *Journal of Linguistics* 34, 181–211.
Takezawa, Koichi (1981) "Rhythm Rule in Metrical Theory," *Linguistic Analysis* 8, 1–14.
Taylor, John R. (1996) *Possessives in English: An Exploration in Cognitive Grammar*, Clarendon Press, Oxford.
Truckenbrodt, Hubert (1999) "On the Relation between Syntactic Phrases and Phonological Phrases," *Linguistic Inquiry* 30, 219–255.
Vogel, Irene and István Kenesei (1990) "Syntax and Semantics in Phonology," *The Phonology-Syntax Connection*, ed. by Sharon Inkelas and Draga Zec, 365–378, University of Chicago Press, Chicago.
Yamada, Norio (1981) "Phrasal Stress Matching and Rhythmic Constraint in Shakespeare's Verse," *Studies in English Linguistics* 9, 16–42.
Zagona, Karen (1982) *Government and Proper Government of Verbal Projections*, Doctoral dissertation, University of Washington.
Zubizaretta, Maria L. (1998) *Prosody, Focus, and Word Order*, MIT Press, Cambridge, MA.
Zwicky, Arnold (1970) "Auxiliary Reduction in English," *Linguistic Inquiry* 1, 323–336.

第 II 部　形態論におけるインターフェイス

Anderson, Stephen R. (1985) "Typological Distinction in Word Formation," *Language Typology and Syntactic Description*, Vol. 3: *Grammatical Categories and the Lexicon*, ed. by Timothy Shopen, 3–56, Cambridge University Press, Cambridge.
Aronoff, Mark (1976) *Word Formation in Generative Grammar*, MIT Press, Cambridge, MA.
Aronoff, Mark and Frank Anshen (1998) "Morphology and the Lexicon: Lexicalization and Productivity," *The Handbook of Morphology*, ed. by Andrew Spencer and Arnold M. Zwicky, 237–247, Blackwell, Ox-

ford.

Bauer, Laurie (1983) *English Word-formation*, Cambridge University Press, Cambridge.

Berman, Arlene (1973) "A Constraint on Tough-Movement," *CLS* 9, 34–43.

Biber, Douglas, Stig Johansson, Geoffrey Leech, Susan Conrad, and Edward Finegan (1999) *Longman Grammar of Spoken and Written English*, Longman, London.

Bolinger, Dwight L. (1975) *Aspects of Language* [Second Edition], Harcourt Brace Jovanovich, New York.

Bolinger, Dwight L. (1989) *Intonation and Its Uses*, Stanford University Press, Stanford.

Borer, Hagit (1997) "The Morphology-Syntax Interface: A Study of Autonomy," *Advances in Morphology*, ed. by Wolfgang U. Dressler, Martin Prinzhorn, and John R. Rennison, 5–30, Mouton de Gruyter, Berlin.

Borer, Hagit (1998) "Morphology and Syntax," *The Handbook of Morphology*, ed. by Andrew Spencer and Arnold M. Zwicky, 151–190, Blackwell, Oxford.

Bresnan, Joan (1982) "Polyadicity," *The Mental Representation of Grammatical Relations*, ed. by Joan Bresnan, 149–172, MIT Press, Cambridge, MA.

Brousseau, Anne-Marie and Elizabeth Ritter (1991) "A Non-Unified Analysis of Agentive Verbs," *The Proceedings of the Tenth West Coast Conference on Formal Linguistics*, ed. by Dawn Bates, 53–64, Center for the Study of Language and Information, Stanford.

Carrier, Jill and Jane H. Randall (1992) "The Argument Structure and Syntactic Structure of Resultatives," *Linguistic Inquiry* 23, 173–234.

Carstairs-McCarthy, Andrew (1998) "Phonological Constraints on Morphological Rules," *The Handbook of Morphology*, ed. by Andrew Spencer and Arnold M. Zwicky, 144–148, Blackwell, Oxford.

Chomsky, Noam (1992) "A Minimalist Program for Linguistic Theory," *MIT Occasional Papers in Linguistics*, No. 1, MIT Press, Cambridge, MA.

Chomsky, Noam (1994) "Bare Phrase Structure," *MIT Occasional Papers in Linguistics*, No. 5, MIT Press, Cambridge, MA.

Clark, Eve V. (1974) "Normal States and Evaluative Viewpoints," *Language* 50, 316–332.

Di Sciullo, Anna-Maria (1997) "Selection and Derivational Affixes," *Advances in Morphology*, ed. by Wolfgang U. Dressler, Martin Prinzhorn, and John R. Rennison, 79–95, Mouton de Gruyter, Berlin.

Di Sciullo, Anna-Maria and Carol L. Tenny (1998) "Modification, Event Structure and the Word/Phrase Asymmetry," *NELS* 28, Vol. 1: *Papers from the Main Session*, ed. by Pius N. Tamanji and Kiyomi Kusumoto, 375–389.

Di Sciullo, Anna-Maria and Edwin Williams (1987) *On the Definition of Word*, MIT Press, Cambridge, MA.

Downing, Pamela (1977) "On the Creation and Use of English Compound Nouns," *Language* 53, 810–842.

Dowty, David (1979) *Word Meaning and Montague Grammar*, D. Reidel, Dordrecht.

Fabb, Nigel (1984) *Syntactic Affixation*, Doctoral dissertation, MIT.

Fagan, Sarah M. B. (1988) "The English Middle," *Linguistic Inquiry* 19, 181–203.

Fellbaum, Christiane (1986) *On the Middle Constructions in English*, Indiana University Linguistics Club, Bloomington.

Fellbaum, Christiane (1998) *WordNet 1.6 CD-ROM*, MIT Press, Cambridge, MA.

Fillmore, Charles J. (1987) "Pragmatically Controlled Zero Anaphora," *BLS* 12, 95–107.

Fraser, Bruce (1974) *The Verb-Particle Combination in English*, Taishukan, Tokyo.

福地肇(1995)「語用論」斎藤武生・原口庄輔・鈴木英一編『英文法への誘い』83–95, 開拓社, 東京.

Goldberg, Adele E. (1995) *Constructions*, University of Chicago Press, Chicago.

Grimshaw, Jane (1990) *Argument Structure*, MIT Press, Cambridge, MA.

Hofmann, Thomas R. (1981) "Lexical Blocking," *Journal of the Faculty of Humanities* 5, 239–50, Toyama University.

Horn, Laurence R. (1984) "Toward a New Taxonomy for Pragmatic Inference: Q-Based and R-Based Implicature," *Meaning, Form, and Use in Context: Linguistic Applications*, ed. by Deborah Schiffrin, 11–42, Georgetown University Press, Washington, D.C.

Householder, Fred W. (1971) *Linguistic Speculations*, Cambridge University Press, London.

Hovav, Malka R. and Beth Levin (1992) "*-er* Nominals: Implications for the Theory of Argument Structure," *Syntax and Semantics*, 26: *Syntax and the Lexicon*, ed. by Tim Stowell and Eric Wehrli, 127–153, Academic Press, New York.

Hovav, Malka R. and Beth Levin (1998) "Building Verb Meanings," *The Projection of Arguments*, ed. by Miriam Butt and Wilhelm Geuder, CSLI Publications, Stanford.

Jackendoff, Ray (1975) "*Tough* and the Trace Theory of Movement Rules," *Linguistic Inquiry* 6, 437–447.

Jespersen, Otto (1974) *A Modern English Grammar on Historical Principles*, Part VI: *Morphology* [Reprint], George Allen and Unwin, London.

Kaga, Nobuhiro (1999) "Resultatives and English Verbs"『レキシコンに関する総合的研究』107–135, 筑波大学現代語・現代文化学系(研究代表者：原口庄輔).

影山太郎(1993)『文法と語形成』ひつじ書房，東京.

影山太郎・由本陽子(1997)『語形成と概念構造』研究社出版，東京.

神尾昭雄(1990)『情報の縄張り理論』大修館書店，東京.

Keyser, Samuel J. and Thomas Roeper (1984) "On the Middle and Ergative Constructions in English," *Linguistic Inquiry* 15, 587–622.

Kiefer, Ferenc (1998) "Morphology and Pragmatics," *The Handbook of Morphology*, ed. by Andrew Spencer and Arnold M. Zwicky, 272–279, Blackwell, Oxford.

Kiparsky, Paul (1982) "Lexical Morphology and Phonology," *Linguistics in the Morning Calm: Selected Papers from SICOL-1981*, ed. by The Linguistic Society of Korea, 3–90, Hanshin, Seoul.

Kiparsky, Paul (1983) "Word-Formation and the Lexicon," *Proceedings*

of the 1982 Mid-America Linguistic Conference, ed. by Frances Ingemann, 3–29, University of Kansas, Lawrence.
Kreidler, Charles W. (1998) *Introducing English Semantics*, Routledge, London.
Lasnik, Howard and Robert Fiengo (1974) "Complement Object Deletion," *Linguistic Inquiry* 5, 535–571.
Law, Paul (1997) "On Some Syntactic Properties of Word-structure and Modular Grammars," *Projections and Interface Conditions*, ed. by Anna-Maria Di Sciullo, 28–51, Oxford University Press, Oxford.
Lehrer, Adrienne (1970) "Verbs and Deletable Objects," *Lingua* 25, 227–253.
Levin, Beth (1993) *English Verb Classes and Alternations*, University of Chicago Press, Chicago.
Levin, Beth and Tova R. Rapoport (1988) "Lexical Subordination," *CLS* 24, 275–289.
Levin, Beth and Malka Rappaport (1988) "Non-Event *-er* Nominals: A Probe into Argument Structure," *Linguistics* 26, 1067–1083.
Levin, Beth and Malka R. Hovav (1995) *Unaccusativity at the Syntax-Lexical Semantics Interface*, MIT Press, Cambridge, MA.
Levin, Beth and Malka R. Hovav (1998) "Morphology and Lexical Semantics," *The Handbook of Morphology*, ed. by Andrew Spencer and Arnold M. Zwicky, 248–271, Blackwell, Oxford.
Lieber, Rochelle (1988) "Phrasal Compounds in English and the Morphology-Syntax Interface," *CLS* 24, 202–222.
Lieber, Rochelle (1992) *Deconstructing Morphology*, University of Chicago Press, Chicago.
Ljung, Magnus (1976) "-Ed Adjectives Revisited," *Journal of Linguistics* 12, 159–168.
Marchand, Hans (1969) *The Categories and Types of Present-Day English Word-Formation* [Second Edition], C. H. Beck'sche Verlagsbuchhandlung, München.
McCawley, James D. (1978) "Conversational Implicature and the Lexicon," *Syntax and Semantics*, Vol. 9: *Pragmatics*, ed. by Peter Cole, 245–259, Academic Press, New York.

中島平三(2000)「語順から言語能力と言語運用を考える」『言語』Vol. 29, No. 5, 48–53.

Nanni, Deborah L. (1978) *The Easy Class of Adjectives in English*, Doctoral dissertation, University of Massachusetts, Amherst.

Nanni, Deborah L. (1980) "On the Surface Syntax of Constructions with *Easy*-Type Adjectives," *Language* 56, 568–581.

Olsen, Mari B. (1997) *A Semantic and Pragmatic Model of Lexical and Grammatical Aspect*, Garland, New York.

小野塚裕視(1995)「形態論と統語論のインターフェイス」斎藤武生・原口庄輔・鈴木英一 編『英文法への誘い』130–148, 開拓社, 東京.

Oshita, Hiroyuki (1995) "Compounds: A View from Suffixation and A-Structure Alteration," *Yearbook of Morphology 1994*, ed. by Geert Booij and Jaap van Marle, 179–205, Kluwer Academic, Dordrecht.

Poser, William J. (1992) "Blocking of Phrasal Constructions by Lexical Items," *Lexical Matters*, ed. by Ivan Sag and Anna Szabolsci, 111–130, University of Chicago Press, Chicago.

Pustejovsky, James (1991) "The Syntax and Event Structure," *Cognition* 41, 47–81.

Quirk, Randolph, Sidney Greenbaum, Geoffrey Leech, and Jan Svartvik (1985) *A Comprehensive Grammar of the English Language*, Longman, London.

Radford, Andrew (1988) *Transformational Grammar*, Cambridge University Press, Cambridge.

Rainer, Franz (1988) "Towards a Theory of Blocking: The Case of Italian and German Quality Nouns," *Yearbook of Morphology*, ed. by Geert Booij and Jaap van Marle, 155–185, Foris, Dordrecht.

Randall, Janet H. (1985) *Morphological Structure and Language Acquisition*, Garland, New York.

Randall, Janet H. (1988) "Inheritance," *Syntax and Semantics*, Vol. 21: *Thematic Relations*, ed. by Wendy Wilkins, 129–146, Academic Press, New York.

Rapoport, Tova R. (1993) "Verbs in Depictives and Resultatives," *Semantics and the Lexicon*, ed. by James Pustejovsky, 163–184, Kluwer Academic, Dordrecht.

Rappaport, Malka and Beth Levin (1988) "What to Do with θ-roles," *Syntax and Semantics*, Vol. 21: *Thematic Relations*, ed. by Wendy Wilkins, 7–36, Academic Press, New York.

Roberts, Ian (1987) *The Representation of Implicit and Dethematized Subjects*, Foris, Dordrecht.

Roeper, Thomas (1987) "Implicit Arguments and the Head-Complement Relation," *Linguistic Inquiry* 18, 267–310.

Roeper, Thomas (1988) "Compound Syntax and Head Movement," *Yearbook of Morphology*, ed. by Geert Booiji and Jaap van Marle, 187–228, Foris, Dordrecht.

Ryder, Mary E. (1991) "Mixers, Mufflers and Mousers: The Extending of the -ER Suffix as a Case of Prototype Reanalysis," *BLS* 17, 299–311.

Ryder, Mary E. (1994) *Ordered Chaos*, University of California Press, Berkeley.

Ryder, Mary E. (1999) "Bankers and Blue Clippers: An Account of *-er* Formations in Present-day English," *English Language and Linguistics* 3, 269–297.

Sadler, Louisa and Andrew Spencer (1998) "Morphology and Argument Structure," *The Handbook of Morphology*, ed. by Andrew Spencer and Arnold M. Zwicky, 206–235, Blackwell, Oxford.

Sadler, Louisa and Douglas J. Arnold (1994) "Prenominal Adjectives and the Phrasal/Lexical Distinction," *Journal of Linguistics* 30, 187–226.

Scalise, Sergio (1984) *Generative Morphology*, Foris, Dordrecht.

Schlesinger, Izchak M. (1995) *Cognitive Space and Linguistic Case*, Cambridge University Press, Cambridge.

Selkirk, Elisabeth O. (1982) *The Syntax of Words*, MIT Press, Cambridge, MA.

Shibatani, Masayoshi and Kageyama Taro (1988) "Word Formation in a Modular Theory of Grammar: Postsyntactic Compounds in Japanese," *Language* 64, 451–484.

Shimamura, Reiko (1986) "Lexicalization of Syntactic Phrases," *English Linguistics* 3, 20–37.

Siegel, Dorothy (1979) *Topics in English Morphology*, Garland, New York.

Smith, Carlota S. (1997) *The Parameter of Aspect* [Second Edition], Kluwer Academic, Dordrecht.
Spencer, Andrew (1991) *Morphological Theory*, Blackwell, Oxford.
Sproat, Richard W. (1985) *On Deriving the Lexicon*, Doctoral dissertation, MIT.
Sugioka, Yoko (1986) *Interaction of Derivational Morphology and Syntax in Japanese and English*, Garland, New York.
Tenny, Carol L. (1994) *Aspectual Roles and the Syntax-Semantics Interface*, Kluwer Academic, Dordrecht.
Tirumalesh, K. V. (1991) "Why Can't You Repunch Bill: An Inquiry into the Pragmatics of '*re*-Words' in English," *Journal of Pragmatics* 16, 249–267.
van Ek, Jan A. and Nico J. Robat (1984) *The Student's Grammar of English*, Blackwell, Oxford.
van Hout, Angeliek and Thomas Roeper (1998) "Events and Aspectual Structure in Derivational Morphology, *MIT Working Papers in Linguistics*, Vol. 32, ed. by Heidi Harley, 175–200, MITWPL, Department of Linguistics and Philosophy, MIT.
Warren, Beatrice (1978) *Semantic Patterns of Noun-Noun Compounds*, Acta Universitatis Gothoburgensis, Göteburg, Sweden.
Washio, Ryuichi (1997) "Resultatives, Compositionality and Language Variation," *Journal of East Asian Linguistics* 6, 1–49.
Wiese, Richard (1996) "Phrasal Compounds and the Theory of Word Syntax," *Linguistic Inquiry* 27, 183–193.
Williams, Edwin (1981) "Argument Structure and Morphology," *Linguistic Review* 1, 81–114.
山田宣夫 (1995)「音韻論と形態論のインターフェイス」斎藤武生・原口庄輔・鈴木英一 編『英文法への誘い』96–111, 開拓社, 東京.
安井稔・秋山怜・中村捷 (1976)『形容詞』研究社出版, 東京.
Yoon, James Hye Suk (1996) "Nominal Gerund Phrases in English as Phrasal Zero Derivations," *Linguistics* 34, 329–356.
Yumoto, Yoko (1997) "Verbal Prefixation on the Level of Semantic Structure," *Verb Semantics and Syntactic Structure*, ed. by Taro Kageyama, Kuroshio, Tokyo.

辞　書

AHD = *The American Heritage Dictionary* [Third Edition]
DAI = *A Dictionary of American Idioms*
NHDAE = *Newbury House Dictionary of American English*
ODNW = *The Oxford Dictionary of New Words*
OED = *The Oxford English Dictionary*
WCD = *Webster's Collegiate Dictionary* [Tenth Edition]
Webster's Third New International Dictionary of English

例　出　典

[書物]

Clark, Arthur C. (1994) *The Hammer of God*, Orbit, London.
Cornwell, Patricia (1999) *Point of Origin*, Berkley Books, New York.
Pinker, Steven (1999) *Words and Rules*, Basic Books, New York.
Rupp, Rebecca (1998) *Committed to Memory*, Crown, New York.

[新聞・雑誌]

DFP = *Detroit Free Press* 1994–1995 (*Dialog OnDisc*)
LAT = *Los Angeles Times* 1993 (*Dialog OnDisc*)
MH = *Miami Herald* 1996 (*Dialog OnDisc*)
NG = *National Geographic*
PI = *Philadelphia Inquirer* 1997 (*Dialog OnDisc*)
SA = *Scientific American*

索　引

あ　行

移動後の距離　11
意味項　148, 152, 154
意味述語　148–54, 157, 158, 160–65
意味上の主語　122, 124–126
意味単位（sense unit）　32
意味変化　155, 156
意味論　106
意味論と音韻論のインターフェイス　78, 80
インターフェイス（interface）　4, 47, 100, 101, 105, 107, 169, 170, 178
引用表現　135
韻律範疇　35
韻律理論（metrical theory）　5, 37
迂言形　169, 180, 181
迂言的使役文　160
運動の様態を表す動作主動詞　159
音韻句　11, 12, 25, 26, 34, 39, 41, 44, 46, 47, 50–52
音韻論　106
音節　169
音節数　169
音調句　27, 32, 34, 50–52

か　行

外項　111–13, 144, 145, 152, 153, 161
外項に基づく一般化　152
活動　138, 140, 141
過程の読み　112
完結的な相　141
間接の原因　148, 149, 151, 159, 160, 163, 165
規則的な屈折形　178, 179, 182, 184
機能語（function word）　55

義務的な区切りの単位　27
休止　57
行（line）　48
強形（strong form）　55–60, 62
強弱反転　7, 9, 12, 13
強勢　167
強勢間の距離　10
強勢の移動　7, 8, 10
興味のアクセント（Accent of Interest）　78, 79, 82
空所　56–60, 62, 64, 65, 67, 70
屈折　108, 113
屈折形　169, 180, 181
屈折接辞　108, 175
句複合語　107, 116, 125, 131, 135
群属格　114
経済性　184
経済性の原理　184, 186, 187
形式ばった文体　174
継承　112, 113, 188
形態論　106–8
結果構文　155, 156
結果述語　155, 156
結果の読み　112
現実世界に関する知識　172, 174, 175
語彙概念構造　137, 144, 148, 150, 152, 155–58, 160, 161, 163–65
語彙単位化　116
語彙単位化された句　116, 117, 120
語彙目録　106–8, 182
項　111
行為　89–92
行為性　92
口蓋化　19, 20, 23, 24
項構造　110–13, 144, 146, 148, 155,

156
交替 146, 151
後接語化 61
個体レベル述語（individual-level predicate） 67
語用論 171

さ　行
最適性理論（Optimality Theory） 53
識別する機能 177
自動詞と他動詞の交替 147, 149, 150, 159
詩の鋳型と実際のリズムのずれ 37–39
弱強5歩格 35
弱形（weak form） 55, 57, 58, 60
縮約 64
主要部 129, 131, 132
状態 138, 140, 141
譲渡不可能な所有 175
助動詞縮約（Auxiliary Reduction） 64–69
自律性（autonomy） 5
自律分節理論（autosegmental theory） 5
随意的休止 28–30
随意的な区切りの単位 27, 28
正常な状態 171
接語化 61, 74
接語群 15, 17, 23, 24, 50–52
前接語化 61
前接語化規則 61
選択的な要素 110, 111
相 137
総称条件 122, 123
総称的な状態 124, 127, 128, 130, 131
相特性 137, 138, 140–43
阻害音 168
阻止 178, 186
阻止される語 179, 182, 184
阻止する語 179, 182, 184

属格接尾辞 113, 114
存在要件 186, 188, 190

た　行
対応規則 88, 90
達成 138, 140, 141
他動詞と他動詞の交替 147, 150
単純な語 178, 179, 182, 185, 187
力のアクセント（Accent of Power） 78, 93, 97, 99
中間構文 142
中間動詞 142
直示的な表現 176
直示的な複合語 176, 177
直接の原因 148–50, 154, 159, 160, 163, 165
直接の内項 111–13, 145, 152, 153, 161
定冠詞 172
定義の文脈 183, 187
丁寧な表現 175
出来事を表さない-er名詞形 188, 189
出来事を表す-er名詞形 188, 189
道具 150, 162, 163
統語論 106, 107
動詞の複合語 132
動詞の意味 137
到達 138, 140, 141
特定性 92
特定的指示対象 87–89

な　行
内項 111
内心的な複合語 129, 131
内容語（content word） 55

は　行
破格 36
派生 108, 111, 112, 144, 173
派生語 112, 178, 179, 182, 185, 187
派生接辞 108, 173

派生名詞形　112
発話の力　93–96
話し手の態度を表す過去　175
場面レベル述語（stage-level predicate）
　67
速い発話　18, 20, 76
非行為　90
鼻子音の調音点同化　20, 21, 23, 24
必須の要素　110, 111
必要性の原理　187
頻度　184
付加詞　111
不規則な屈折形　178, 179, 182, 184
複合　108
複合語　117–19
不定の目的語省略　139
文法化（grammaticalization）　77
文法の辞書　108
分類的な機能　131

ら　行
リズム調整　13, 14, 16
臨時形成語　117

A～Z
A-to-V　117–35

-able　112
-al　167
CAUSE　148, 149, 151, 152, 154,
　160–65
constituent-based theory　52
dipod　48
DO　148–54, 157, 158, 160–65
-ed　174
edge-based theory　52
-en　168
-er　137, 144
-er 名詞形　144–46, 151–55, 157, 158,
　160–64, 188
foot　48
hemistich　48
-ish　173
MOVE　148
out-　138–43
Raddopipiamento Sintattico（RS）
　25, 26
re-　173, 174
[t] の脱落　18, 19, 23
to 縮約（*to* contraction）　64, 70–77
tough 構文　120
[v] の脱落　18, 23, 24

〈著者紹介〉

原口庄輔(はらぐち　しょうすけ)　1943年生まれ．明海大学外国語学部教授．

中島平三(なかじま　へいぞう)　1946年生まれ．東京都立大学教授．

中村　捷(なかむら　まさる)　1945年生まれ．東北大学文学部教授．

河上誓作(かわかみ　せいさく)　1940年生まれ．大阪大学大学院教授．

岡崎正男(おかざき　まさお)　1964年茨城県生まれ．筑波大学大学院博士課程文芸・言語研究科単位取得退学(1991)．博士(言語学)(筑波大学 1996)．現在，茨城大学人文学部助教授．著書：*English Sentence Prosody: The Interface between Sound and Meaning*(開拓社 1998)．論文："A Semantic Analysis of Sentence Accent Assignment in English,"『言語研究』107 (1995)，"A Constraint on the Well-Formedness of Half-Lines of Old English Alliterative Verse," *English Linguistics* 15 (1998) など．

小野塚裕視(おのづか　ひろみ)　1949年栃木県生まれ．東北大学大学院文学研究科修士課程修了．現在，筑波大学現代語・現代文化学系助教授．著書・論文：『音韻論』(「現代の英文法」3, 共著，研究社出版，1985)，「形態論と統語論のインターフェイス」(『英文法への誘い』分担執筆，開拓社，1995) など．

英語学モノグラフシリーズ 18

文法におけるインターフェイス

2001年5月15日　初版発行

編　者	原口庄輔・中島平三
	中村　捷・河上誓作
著　者	岡崎正男・小野塚裕視
発行者	浜　松　義　昭
印刷所	研究社印刷株式会社

KENKYUSHA

〈検印省略〉

発行所　研究社出版株式会社

http://www.kenkyusha.co.jp

〒102-8152
東京都千代田区富士見 2-11-3
電話　(編集) 03(3288)7755(代)
　　　(販売) 03(3288)7777(代)
振替　00170-2-83761

ISBN4-327-25718-4　C3380　　Printed in Japan